김화중의 행복한 부부 만들기

좋은 책을 만드는 (주)고려원북스

■ **(주)고려원북스**는 우리들의 가슴속에 영원히 남을 지혜가 넘치는 좋은 책을 만들겠습니다.

김화중의 행복한 부부 만들기
Happy Couples, Healthily As Ever
An Advice for a Happy Life of Young Couples

초판 1쇄 | 2004.6.11.

지은이 | 김화중
펴낸이 | 박건수
펴낸곳 | (주)고려원북스
편집장 | 설응도

판매처 | (주)북스컴, Bookscom, Inc.

출판등록 | 2004년 5월 6일(제16-3336호)
주소 | 서울 강남구 논현동 15-12, 유레카빌딩 4층
전화번호 | 02-3416-4646
팩스번호 | 02-3416-4640
e-mail | koreaonebooks@bookscom.co.kr
홈페이지 | http://bookscom.co.kr

copyright ⓒ Hwajoong Kim, 2004
copyright ⓒ Koreaonebooks, Inc., 2004, printed in Korea
이 책의 저작권은 저자와 출판사에 있습니다. 서면에 의한 저자와 출판사의
허락 없이 책의 전부 또는 일부 내용을 사용할 수 없습니다.

값 11,000원

ISBN 89-955319-0-8
저자와의 협의에 의하여 인지를 붙이지 않습니다.
잘못 만들어진 책은 구입처나 본사에서 교환해 드립니다.

김화중의
행복한 부부
만들기

김화중 지음

(주)고려원북스

부부의 삶은 두 사람이 이 세상을 떠나는 그날에
해피엔딩으로 완결되기를 바라는 한편의 대서사시다.
아니, 그뒤에도 아름다운 '네버엔딩 스토리'로
남을 수 있다면 더없이 좋을 것이다.

프롤로그

해피엔딩의 서사시를 꿈꾸며

▌남편은 간혹 웃으며 말한다

며칠 전 잠든 남편의 얼굴을 내려다보는데, 일순간 내 얼굴에 편안한 미소가 그려지며 우리 부부를 둘러쌌던 많은 일들이 머릿속을 스쳐지나갔다. 우리 두 사람이 30년 넘게 해피엔딩을 꿈꾸며 서로서로 많은 노력을 하면서, 지금까지 개인사가 아닌 두 사람의 역사를 엮으려 노력해왔기에 지금처럼 순간순간 미소를 지으며 살 수 있었던 것 같다.

남편은 간혹 웃으면서 말한다. 우리처럼 성격도, 식성도, 취미도 다른 두 사람이 결혼해 어떻게 이처럼 큰 무리 없이 행복하게 살 수 있었는지 의아스럽다는 것이다.

정말 그렇다. 하나하나 따져보면 우리 둘은 정말 공통점을 찾아보기 어렵다. 우리처럼 개성이 서로 다른 사람뿐만 아니라 공통점이 많다는 부부들도 갈등을 겪기는 마찬가지다. 문제는 그 갈등을 어떻게 미연에 방지하거나 해결하는가 하는 것이다.

프롤로그

듣지 않고, 말하지 않고, 보지 않는다

전통사회에서 우리나라 여성들은 들려도 듣지 않고, 알아도 말하지 않고, 보여도 보지 않으면서 10년은 살아야 한다고 생각하며 결혼생활을 시작했다. 우리 부부는 이러한 전통사회의 관념을 다른 각도에서 뒤집어 생각하며 지금까지 살아오지 않았나 싶다.

심각한 의견대립과 감정이 개입된 '싸움'이 예상되면, 생각의 속도를 한 템포 늦추고 말을 아끼려고 노력했다. 합리적인 방향으로 문제를 해결하기 위해 현재의 내 감정대로 듣거나, 말하거나, 보려고 하지 말아야 한다는 대원칙을 세워야 했다.

또한 감정의 골이 예상되는 순간에 모든 것의 템포를 늦추는 훈련이 필요했다. 그렇지 않으면 갈등을 해결할 수 없을 뿐만 아니라, 말과 행동이 원하지 않는 방향으로 흘러가고, 별것 아닌 작은 불씨가 파국으로까지 이어질 수 있기 때문이다. 우리 두 사람은 아직도 이러한 대원칙을 끝까지 지키려고 노력한다.

▍결혼과 행복의 필연적 관련성을 믿는 이들에게

행복을 꿈꾸며 결혼을 했다면 결혼생활을 설계해야 한다. 오늘 점심에 친구와 만나서 무엇을 먹을까도 고민하는데, 일생일대의 중대한 프로젝트인 결혼생활에 대해 설계하는 것은 당연한 일이다.

결혼생활은 수십 년짜리 프로젝트이므로 단기, 중기, 장기 계획과 이 계획에 수반되는 철학, 목표, 전략 등을 동원할 줄 알아야 한다. 회사의 사업계획은 잘 세우면서 결혼생활에 대해서는 계획의 필요성조차 인식하지 못하는 경우도 있다. 어쩌면 회사의 사업보다 결혼생활의 계획이 더 중요할지도 모른다.

결혼생활의 설계 가운데 핵심 변수는 부부이고, 최종 목표는 부부의 행복이다. 우리 두 사람의 삶을 반추한 내용을 일반화할 수는 없겠지만, 이 책에서는 나와 남편이 기쁨과 슬픔을 함께 나누며 사랑의 보금자리를 이루기 위해 노력한 흔적을 조금이나마 담아보고자 했다.

'건강한 부부, 행복한 부부'가 되려면 어떻게 해야 하는가? 여전히

프롤로그

결혼과 행복의 필연성을 믿으며 사랑하고 결혼하여 그들만의 보금자리를 가꾸려는 이들에게, 우리 부부가 고민하고 토론한 내용이 조금이라도 전달될 수 있다면 필자에게는 다소나마 위안이 될 것이다.

▌부부, 아름다운 네버엔딩 스토리

얼마 전 몇몇 지인들과 산에 올랐다. 그 가운데 한 분은 몇 달 전 암으로 오랫동안 투병하던 아내를 먼저 보내고 혼자 사신다. 주위에서는 아내를 하늘나라로 보내드린 것이 장기간 투병의 고통을 온몸과 온마음으로 감내해야 했던 두 분을 위해 잘된 일이라고들 말한다. 그러나 당사자인 이분의 생각은 달랐다. 무의식 상태에서 숨만 쉬고라도 아내가 옆에 있어주었으면 더 바랄 것이 없다는 것이었다. 사회적으로나 경제적으로 많은 것을 이루어서 별로 아쉬울 게 없는 분이지만, 배우자의 존재가 이분에게 던져주는 의미는 형언할 수 없을 만큼 크다는 것을 절실하게 느꼈다. 역설적으로 두 분이 얼마나 많은 희로애락을 겪으면서 슬기롭게 '이인사(二人史)'를 엮어왔는가를 단적으로 보여준 셈이었다.

부부의 삶은 두 사람이 이 세상을 떠나는 그날에 해피엔딩으로 완결되기를 바라는 한편의 대서사시다. 아니, 그뒤에도 아름다운 '네버엔딩 스토리'로 남을 수 있다면 더없이 좋을 것이다.

개인의 역할이 강조되고 '가족의 해체'를 현실로서 인정하자는 주장이 조금씩 공감을 얻어가는 지금, 아름다운 부부생활과 결혼생활에 대해 말한다는 것이 다소 공허하게 들릴지도 모르겠다.

그러나 아무리 사회가 다양화, 개인화된다고 해도 여전히 많은 사람들이 행복의 꿈을 안고 결혼이라는 원대한 계획을 세우는 한, 행복한 부부, 아름다운 결혼생활이라는 화두는 끊임없이 우리 주위를 맴돌 것이다.

가정의 달 5월에

김화중

차례

프롤로그 해피엔딩의 서사시를 꿈꾸며 -------------------- 5

1장 부부란 무엇인가

신혼 초에 길들여야 해! ---------------------- 17
그대가 바로 나, 멀고도 가까운 사이 ---------- 24
승자와 패자가 없다 ------------------------- 29
잘 맞는 짝이란? --------------------------- 33
세월 따라 깊어지는 사랑의 비결 ------------- 39
부부관계의 기본 속성 ----------------------- 43
둘째딸이 말하는 엄마와 나의 결혼이야기 ❶ ----- 47

2장 행복하려면 건강하라 >>> 신체건강

어느 날, 혼자 남겨진다면? ------------------ 55
부부건강, 둘이서 함께 ---------------------- 59
추어탕을 좋아하는 아내, 피자를 즐겨먹는 남편 -- 68
규칙적인 배설습관은 성감을 높인다 ---------- 78
코 고는 남편, 이 가는 아내 ----------------- 80
부부가 함께하는 운동과 레크리에이션 -------- 83
부부가 합심하여 담배 끊는 법 --------------- 87
곰 쓸개, 정말 정력에 좋을까? --------------- 91
둘째딸이 말하는 엄마와 나의 결혼이야기 ❷ ----- 94

3장 사랑이 건강이다
>>> 정서건강

- 사랑은 베푼 만큼 돌아온다 ---------------- 103
- 없던 사랑도 샘솟는 애정표현 --------------- 108
- 편안하니까 부스스해져도 된다? ------------ 113
- 언제나 신혼기분을 느끼려면? -------------- 116
- 이런 남편 저런 아내, 나는 어떤 유형? ------ 120

4장 자긍심이 부부를 변화시킨다
>>> 정신건강

- 자긍심은 생명만큼 중요하다 --------------- 129
- 한 번 폭력이 파경을 부른다 --------------- 133
- 칭찬은 남편을 춤추게 한다 ---------------- 137
- 아내가 행복하면 남편도 행복해진다 -------- 140
- 실현 가능한 계획을 세워 실천하라 --------- 144
- **남편이 꼭 알아두어야 할 9계명** ---------- 148
- **아내가 꼭 알아두어야 할 9계명** ---------- 148

5장 한없이 무조건 믿어라
>>> 영적 건강과 사회적 건강

- 믿는 도끼에 발등 찍히지 않는다 ----------- 151
- 왜, 무엇을 위해 사는가? ------------------ 154
- 사회가 건강해야 개인도 건강하다 ---------- 159
- 애정과 조건의 함수 ---------------------- 162
- 절제하면 오히려 넉넉해진다 -------------- 165
- 남편이 할 일, 아내가 할 일 --------------- 169
- 자녀문제는 아무리 사소해도 상의하자 ------ 173
- 시어머니와 친정엄마는 분명히 다르다 ------ 176
- **김화중의 부부생활 9계명** --------------- 180

6장 의사소통을 잘하자
>>> 건강한 부부관계 전략 1

- 신혼부부들은 자기 방식대로 표현한다 ------- 183
- 부부를 건강하게 하는 6가지 의사소통 ------- 187
- 존댓말이 부부 사이를 더욱 친밀하게 한다 ----- 190
- 부드러운 말 한마디가 마음을 움직인다 ------- 193
- 의사소통 수준이 부부건강을 결정한다 -------- 196
- **부부싸움의 9가지 기술** ------------------- 200

7장 힘의 조화를 이루자
>>> 건강한 부부관계 전략 2

- 길들이기보다 길들여지기 ------------------ 203
- 부드러운 것이 더 강하다 ------------------- 206
- 지는 것이 이기는 것이다 ------------------- 210
- 허풍선이는 외롭다 ----------------------- 212

8장 스트레스를 활용하자
>>> 건강한 부부관계 전략 3

- 스트레스로 스트레스를 극복한다 ------------ 217
- 좋은 스트레스, 나쁜 스트레스 -------------- 221
- 스트레스 해소법 ------------------------- 226
- 가정, 스트레스를 녹이는 용광로 ------------ 230
- 당신의 기쁨이 곧 나의 기쁨 ---------------- 232
- 부부가 함께하는 불면증 치료법 ------------- 235

9장

성생활을 바르게 하자

>>> 건강한 부부관계 전략 4

부부에게 성은 생활이다 ---------------------- 239
성에 대해 공부하자 ------------------------- 243
성생활에 영향을 미치는 5가지 영역 ----------- 246
남성과 여성의 생식계 바로 알기 -------------- 254
성행위의 다양한 체위, 다양한 느낌 ------------ 262
울리고 웃기는 성반응의 비밀 ----------------- 266
가짜 조루증과 가짜 불감증 ------------------- 271
성적 만족의 요체는 전희에 있다 -------------- 278
자기 부부에 맞는 성능력을 개발하자 ---------- 281
부부 공동의 성능력 개발 --------------------- 291
감각적 여성이 되는 비법 --------------------- 298
이렇게 하면 성생활이 즐겁다 ----------------- 301
성능력을 개발하자 -------------------------- 304

에필로그 부부여, 행복하게 삽시다! ---------------------- 309

김화중 가족 이야기

"서울 법대를 나와 사법고시를 보지 않고 9급 공무원시험을 보겠다고 한 나를 사랑한 김화중! 당신과 결혼하여 나는 더없이 행복한 삶을 살았다. 이제 그 행복을 다른 사람들과도 나누고 싶다." - 남편 고현석　곡성군수

보건복지부 장관 김화중과　곡성군수 고현석. 네 자매가 기억하는 이 부부는 정치인이기 이전에 항상 공부하는 학자이며, 한 번도 싸운 적 없는 사랑이 넘치는 부부였다. 그 보이지 않는 가르침에 따라 네 자매 모두 학자의 길을 걷고 있으며, 건강하고 행복한 결혼생활을 하고 있다.

아내의 유학을 권유할 정도로 적극적으로 지원을 해준 남편. 남편을 끝없이 믿고 존경하는 아내. 영원한 친구로서 함께 노력하고 함께 고민하며, 개인사가 아닌 두 사람의 아름다운 30년 역사를 만들어온 부부. 이들 부부는 사랑의 보금자리를 꿈꾸는 이들에게 귀감이 될 행복한 부부의 표상이다.

저자 김화중은 현재 42대 보건복지부 장관이다. 서울대학교 간호학과, 미국 컬럼비아대학교 간호교육학 석사, 서울대학교 보건학 박사학위를 취득했다. 서울대 보건대학원 교수, 대한간호협회 회장을 역임하였고, 제16대 국회의원을 지낸 바 있다.

1장
부부란 무엇인가

신혼 초에 길들여야 해!
그대가 바로 나, 멀고도 가까운 사이
승자와 패자가 없다
잘 맞는 짝이란?
세월 따라 깊어지는 사랑의 비결
부부관계의 기본 속성

결혼의 성공은 적당한 짝을 찾는 것이 아니라,
적당한 짝이 되는 것이다.
－텐드우드

결혼은 새장과 같다. 바깥에 있는 새들은
쓸데없이 그 속으로 들어가려 하고, 안에 있는 새들은
쓸데없이 바깥으로 나가려고 애쓴다.
－몽테뉴

부부라는 것은 쇠사슬에 함께 묶인 죄인이다.
때문에 발을 맞추어 걷지 않으면 안 된다.
－고리키

훌륭한 결혼은 완벽한 한 쌍의 남녀가 만나서
이루어지는 것이 아니다. 완벽하지 못한 한 쌍의
남녀가 만나 서로의 차이를 즐기는 것이다.
－『리더스 다이제스트』에서

신혼 초에 길들여야 해!

▌냉정한 아내, 이기적인 남편

"신혼 초에 길들여야 돼. 그렇지 않으면 평생 고생이야."
"야, 이제 좋은 시절 다 갔네. 행복 끝 불행 시작."
"좋겠다. 지금이야 좋지, 애 한번 낳아봐."

쑥스러운 얼굴로 청첩장을 돌리면 으레 한마디씩 늘어놓는다. 결혼에 관한 한 모두 할 말이 많다는 듯 알은체를 한다. 그러나 기혼자들이 무심코 내뱉는 말이 신혼부부들에게 결혼에 대한 나쁜 선입견을 갖게 하고, 급기야 첫 시작부터 잘못된 길로 인도한다는 사실은 아무도 깨닫지 못한다.

"결혼할 즈음 신혼 초에 신랑을 길들이지 않으면 먼저 잡힌다는 선배들의 말에, 첨부터 내 나름대로 원칙을 정하고 내 방식대로 고수하려고 신랑과 대립했던 것 같아요. 그것이 우리를 이렇게 불행하게 할 줄은 몰랐어요."

결혼 7년차에 이혼하고 만 여성의 고백이다. 그녀는 결혼하기 전부터 '화합'보다는, 먼저 기선을 제압하려는 '대립'을 생각한 것이다. 그녀는 남편과 똑같이 자신도 직장인이므로 집안일을 반반 부담해야 한다고 생각했고, 각자 일을 분담했다.

반면 그녀의 남편은 어머니가 그랬던 것처럼 아내가 자신을 위해 맛있는 저녁을 준비해주기를 바랐다. 마치 회사에서 업무를 분담하듯 조목조목 따져 정리한 아내의 업무분담표가 마음에 들지 않았다. 회사와 가정은 다르지 않는가.

급기야 남편은 저녁을 혼자 바깥에서 해결했고, 때때로 아무도 없는 텅 빈 사무실에서 자장면을 배달해 먹었다. 결혼과 함께 사랑하는 아내와의 따뜻한 저녁을 기대했던 남편이 혼자 자장면을 시켜먹는 그 심정이 어떠했을까. 어쩌면 자신의 생각과 너무도 다른 모습에 자장면 대신 눈물을 삼켰을지도 모른다.

그렇다면 아내는 행복했을까. 아내는 자신이 고심해서 만든 합리적인 방안에 동의하지 않는 남편이 이기적으로 보였다. 나도 회사에서 돌아오면 피곤하다. 설거지나 빨래하려고 결혼한 것은 아니지 않는가, 진정으로 사랑한다면 그 정도는 할 수 있지 않은가. 아내는 자신의 의지와 상관없이 엉망이 된 생활에 어찌할 바를 몰랐다.

그러나 둘은 물러서지 않았다. 뭔가 잘못되어가고 있음을 둘 다 깨닫고 있으면서도, 여기서 항복하면 지고 만다며 맞섰다. 둘은 서로 사랑했지만, 본인들이 느끼지 못하는 사이에 '대립'적인 마음을 갖게 되었고, 자연히 대화가 되지 않았다. 말은 하고 있었으나 듣지 않았고, 채널이 다른 두 대의 라디오처럼 떠들기만 한 것이다.

결국 처음부터 싸움으로 시작했던 두 사람은 사소한 싸움이 한두 번 이어지면서, 결국 싸움이 일상화되는 단계에 이르러 파경을 맞게 된 것이다.

사랑하니까…

여기서 한 가지 생각해둘 점은 가정에서 '사랑'이라는 것이 자칫 커다란 걸림돌이 될 수 있다는 것이다. 만약 회사에서 두 사람이 비슷한 상황에 놓여 있었다면 합리적인 대화로 문제를 쉽게 풀었을 것이다.

그러나 둘 사이에 '사랑하는 사람'이라는 감정이 개입하면서, 사소한 일로도 서로에게 커다란 상처를 주게 된다. 사랑하니까, 내 남편이니까, 사랑이란 이름으로 자신에게 온갖 귀찮은 일을 떠맡기고 뭔가를 해주기만을 바라는 남편이 원망스럽다. 또 사랑하니까, 내 아내니까, 혼자 자장면을 시켜먹게 만드는 아내에게 실망한다. 여기서 냉정하게 판단할 수 있는 능력은 사라지고, 감정적으로 상처를 주고 또 상처를 입게 되는 것이다.

이 글을 읽는 미혼 남녀들이 있다면 어쩌면 코웃음을 칠지도 모른다. 그런 일도 해결하지 못하고 파경까지 가게 됐냐고. 그렇다. 결혼생활이란 그런 것이다. 아주 사소한 일로 싸우고, 상처받고, 그것이 완전히 해결되지 못하고 가슴에 남아 또 상처를 입히고, 문제가 눈덩이처럼 불어나기도 한다. 잘못 시작하면 말이다.

결혼생활은 첫 단추가 중요하다. 첫 단추를 실수 없이 잘 끼우려면 단추를 끼우는 방법을 알아야 한다. 그러나 대부분의 부부들이 단추 끼우는 방법을 학습하는 일은 외면한 채, 예쁜 단추 찾기에만 급급하다.

흔히 결혼을 앞두고, 상견례로부터 혼수품 준비까지 꼼꼼히 챙기

느라 신랑과 신부는 몹시 바쁘다. 다시 결혼하는 절차를 밟기 싫어 이혼하지 않는다는 우스갯소리를 할 정도로, 결혼을 위해 준비할 것들이 많다. 결혼정보를 전하는 잡지나 사이트들도 온통 혼수품 싸게 준비하는 법, 가전제품 고르는 법 등 외형적인 준비 일색이다.

그러나 생각해보라. 결혼 날짜까지 신혼집을 고르지 못했으면 어떤가. 가전제품 미리 사두지 않으면 어떤가. 모든 것이 갖춰진 집에서 사는 것보다 하나씩 사모으는 재미가 쏠쏠할 것이다. 오히려 더 중요한 무엇인가를 놓치고 있다.

결혼에도 자격이 있다

"누구나 나이가 차면 결혼을 한다. 그러나 누구나 행복한 것은 아니다. 결혼에는 자격이 있다."

"사랑은 본능이다. 그러나 사랑하는 방법은 배워야 한다. 혹시 우리는 누군가에게서 배운 적이 없는 사랑을 자의적으로 해석하고 있지는 않은가. 삼류 소설이나 아름답게 꾸며진 영화 혹은 나와 똑같은 사람들의 이야기를 통해 사랑을 다른 것으로 착각하고 있지는 않은가."

결혼할 신부가 자신의 결혼신문에 썼다는 글이다. 이 글은 "과연 내가 결혼할 자격이 있는가?"라고 물으며 끝을 맺고 있다. 지금은 애가 둘의 노련한 주부가 되어 있는 그녀는 결혼 당시, 이러한 결혼에 대한 논의와 고민을 숱하게 했다고 한다. 지금 다시 그에게 물었다. 결혼생활이 행복했냐고, 행복하냐고.

그녀는 예비부부 대부분이 혼수준비에 바빴을 무렵, 단추를 끼우는 방법에 대해 고민했던 현명한 신부였다. 그러나 그녀에게서 돌아온 대답은 뜻밖이었다. 그토록 고민했음에도 불구하고 결혼생활이 평탄하지 않았다는 것이다. 무엇이 문제란 말인가.

사랑과 결혼은 다르다

그녀는 '사랑'과 '결혼'을 동일시했다는 데서 이유를 찾았다. 그녀는 사랑하는 방법에 대해 고민했지만, 실제 결혼생활은 사랑이 전부가 아니었다는 얘기다. 더구나 사랑이란 몹시 관념적이라서, 그녀가 세웠던 원칙이나 방법 역시 관념적일 수밖에 없었다. 웬만큼 구체적이지 않으면, 부부가 합의를 하기도 실행에 옮기기도 쉽지 않다. 사랑에 비해 결혼생활은 아주 구체적인 생활 그 자체였던 것이다.

물론 그녀는 사랑과 결혼이 다르다는 것을 알아채고부터, 행복한 결혼생활을 위한 방법을 알아내기 위해 최선을 다했다. 그러나 모두들 결혼생활의 문제점만을 늘어놓을 뿐, 누구도 속시원한 대답을 하는 사람이 없었다.

그래서 그녀는 스스로 노력할 수밖에 없었고, 수많은 시행착오를 거쳐야 했다. 고민이 치열할수록 많이 싸웠고 또 고민했다. 어떻게 사랑한다는 두 사람의 생각이 그렇게 다를까 도무지 이해할 수 없을 때도 있었고, 함께 있을 때 느껴지는 외로움은 더욱 견디기 힘들었다.

그녀는 문제를 제기한다. 지구와 달의 관계, X축과 Y축의 함수관계는 가르치면서 왜 누구나 당연히 알아야 할 부부관계에 대해서는 아무도 가르쳐주지 않느냐고, 왜 아무도 알려고 하지 않느냐고. 운전면허를 따기 위해 몇십 시간씩 교육을 받으면서 왜 평생이 달린 결혼생활은 교육하지 않느냐고.

이제 그녀는 결혼생활을 하는 방법, 부부로 살아가는 방법을 조금은 알 것 같다고 한다. 그러나 그것을 배우기 위해 치러야 했던 대가가 너무도 컸다. 그래서 그녀는 결혼한다는 사람을 만나면 꼭 한마디를 잊지 않는다. "결혼생활은 유리잔과 같다. 금이 가면 영원히 처음처럼 되지 않는다."

결혼생활은 유리잔과 같다

그렇다. 결혼생활은 유리잔과 같다. 절대로 한 번 깨진 유리잔은 처음과 같이 깨끗하게 만들 수는 없다. 서로가 서로에게 입힌 상처는 시간이 지나면 없어진 듯하지만, 상처는 아무는 것이 아니라 가을낙엽을 살짝 덮어놓은 듯 잠시 보이지 않을 뿐이다.

상처가 반복되면 스스로도 모르는 사이에 어느새 마음의 벽을 만들고, 결국 깨져버리고 만다. 그래서 결혼생활은 처음부터 금이 가지 않도록 구체적이고도 합리적인 방법으로 노력해야 한다. 보물을 다루듯 조심스럽게 보살펴야 한다.

그토록 뜨겁게 사랑하고, 복잡한 과정을 거쳐 어렵게 결혼한 부부들이 성격 차이라는 이유를 대며 헤어지는 안타까운 상황이 늘고 있다. 뿐만 아니라 부부의 불행을, 제법 살다보니 알게 된 인생의 참모습인 양 체념하고 사는 부부들도 흔히 본다.

그러나 필자는 그러한 행동에 동의하지 않는다.

부부는 행복해야 하고, 행복한 삶을 누릴 수 있으며, 또 많은 부부들이 행복을 향유하고 있다. 단지 부부로 살아가는 방법을 배우지 못한 결과일 뿐이다. 방법을 알면 이미 난 상처도 치유할 수 있다. 비록 예쁘진 않지만 갈라진 상처로 남은 흉터는 단단해져 부부를 더욱 굳게 연결시킨다.

그 방법은 거창하지 않다. 만병통치의 비법이 있는 것도 아니다. 다만 몇 가지의 작은 지혜가 결혼생활에서 으레 겪는다는 시행착오를 겪지 않고도 부부임으로 해서 행복하다는 사실을 깨닫도록 해줄 것이다.

자, 그렇다면 부부로 살아가는 방법은 무엇일까?

> 그대가 바로 나,
> 멀고도 가까운 사이

▌왜 하필 당신이 내 짝인가

　출근시간에 지하철을 타보라. 도저히 몸을 부딪치지 않고서는 지나기 어려울 정도로 사람들이 많다. 주말에 나들이라도 갈라치면 곳곳마다 어디에서 그렇게 많은 사람들이 쏟아져 나왔는지 의아할 정도다. 또 빽빽이 들어찬 아파트들은 어떤가. 그 좁은 공간 안에 사람들이 층층이 살고 있다.

　눈을 감고 생각해보자. 왜 하필 당신이 내 짝인가?

　하고많은 사람 중에 왜 당신은 나를 선택했으며, 왜 우리가 그토록 사랑했으며, 왜 결혼까지 하게 되었을까?

　더 예쁘고, 더 능력 있고, 더 돈 많은 사람은 무수히 많다. 그러나 하필이면 그 두 사람이 만나 사랑하고, 평생을 함께할 동반자로 서로를 선택한 것이다. 이 얼마나 기막힌 인연인가! 100번을 생각해봐도 아름다운 일이며, 내게는 너무도 소중한 사람이 아닐 수 없다.

　살다보면 상대방의 단점이 보이고, 실망도 하게 되고, 그와 함께 불평이 늘어갈 수밖에 없다. 때로는 다른 남편과 비교하며 싸울 때도 있을 것이다. 그럴 때 다시 한번 눈을 감고 생각해보라. 왜 하필 당신이 내 짝인가?

파뿌리가 될 때까지 함께하는 우리 부부

내가 새색시 때의 일이다. 만나기로 한 사람이 오지 않아 공원 벤치에 잠시 앉아 있을 때였다. 난데없이 맞은편에서 큰소리가 났다.

"당신 집은 뭐 그리 잘났소? 망나니 같은 손자가 있는 재산 다 날리고 완전히 풍비박산 났잖소."

"뭐요? 당신 집은요. 당신 동생은 자기 아버지 제사에도 안 옵디다. 어디서 배웠는지……."

방금 전까지 정답게 말씀을 나누시던 노부부가 갑자기 싸우기 시작한 것이다. 마치 다시는 보지 않을 사람인 양 분위기가 매섭다. 저 나이에도 아직 내 집, 당신 집 하며 싸우시나 싶어 본의 아니게 엿보게 되었다.

그런데 결말이 싱겁기 짝이 없었다. 할아버지의 판세가 약간 기우는가 싶더니 한마디 툭 던지신다.

"그래도 우린 친구잖아. 영원한 친구."

"그러게 누가 싸움을 걸래요? 어깨나 주물러요."

그리고는 언제 그랬냐 싶게 서로 마주보고 웃으신다. 참 어이없는 싸움의 광경이다. 물끄러미 바라보고 있는 나를 그제야 보셨는지 할머니께서 겸연쩍게 말을 걸어오신다.

"이 양반이 이렇다니까. 그래도 남편밖에 없어. 남편한테는 한 시간이든 두 시간이든 이렇게 허리 밟아라, 어깨 주물러라 하는데 아무리 잘하는 자식이래두 자식한테는 말하기 힘들어. 이 양반 죽으면 등 긁어줄 사람 없어서 어쩔까 몰라."

친구 같은 인생의 동반자

그때 일은 아직도 생생하다. 내게 그 모습이 너무도 충격적이었음이 분명했다.

부부란, 할아버지 말씀대로 '친구'가 아닐까. 자식처럼 무조건 베풀어야 하는 대상도 아니고, 부모처럼 무조건 받거나 복종해야 할 대상도 아니다. 서로 사랑을 주고받으며, 필요할 때 언제든 도움을 요청할 수 있는 맘 편한 동반자로서 힘난한 삶을 함께 살아가는 진정한 친구 같은 존재다. 주례사처럼 검은 머리가 파뿌리 될 때까지, 죽음이 둘을 갈라놓을 때까지 운명의 공동체로 살아가는 것이다.

이토록 소중한 사람에게 어찌 최선을 다하지 않을 수 있겠는가. 어찌 사랑하지 않을 수 있겠는가.

나이가 들면서 자연히 죽음을 만나게 된다. 부모의 죽음, 형제의 죽음, 자식의 죽음, 가까운 친구들의 죽음. 그러나 배우자의 죽음만큼 내 삶에 결정적인 영향을 미치는 경우는 없다. 냉정하게 말해서 형제가 죽으면 견딜 수 없이 힘들지만, 내 삶이 송두리째 흔들리지는 않는다. 그러나 배우자의 죽음은 내 삶에 대변화를 요구한다. 같은 공간에서 함께 생활하는, 순간순간 영향을 미치는 사람이기 때문이다.

그래도 당신은 당신, 나는 나

　혈연으로 맺어진 부모자식 간이 1촌이고, 형제자매 간이 2촌이다. 그러나 부부는 무촌(無寸)이다. 혈연관계가 없는 남남이기 때문일 수도 있지만, 촌수를 헤아리기 어려울 정도로 가까워서 무촌이라 하는 것이다.

　일심동체(一心同體), 남남이 만났지만 부부가 되면 이미 한몸이요, 한마음이라는 뜻이다. 이 말은 부부관계의 친밀함을 극명하게 나타내는 말이지만, 동시에 부부를 불행하게 만드는 함정이 숨어 있기도 하다. 때로는 이 말이 상대방에게 지나친 기대와 요구를 갖게 하여 부부관계를 그르치기도 하는 것이다.

　부부는 남자인 개체와 여자인 개체가 짝지어 이룬다. 따라서 부부는 하나의 틀이요, 구조로서 독립적이다. 그러나 부부가 되었다고 해서 각각의 독립성이 사라지는 것은 아니다. 부부는 부부라는 공동체로 존재하지만, 그렇다고 각자의 고유한 관계와 영역이 없어지는 것은 아니라는 말이다.

　부부는 각각 부모 및 자녀, 친척 등과 독립적인 혈연관계를 맺고 있으며, 동창이나 직장 동료 등 사회적인 관계 또한 독립적이다. 이외에도 부부는 인간으로서 각자 독자적인 행동영역을 가지고 있다. 사색이나 운동, 일, 휴식 등 일상생활이 기본적으로는 개체적이다.

　너무도 당연한 말이지만, 실제 부부관계에서는 이를 인정하지 않아 발생하는 문제가 많다. 예를 들어 무슨 일이든 알려고 하고 간섭하려 든다거나, 상대방의 개인적인 취향이나 취미를 무시하고 자기 뜻대로 하려는 일은 비일비재하다. 부부는 한몸이지만, 독립적인 개체라는 점을 인정하고 서로 존중할 줄 알아야 부부관계의 진면목을 찾을 수 있게 된다.

부부는 남편과 아내라는 개체와는 별도로 이들을 포괄하는 독립체이며, 그 안에서 맺어진 부부관계는 어떤 사회관계보다 가깝다. 이를 넘어서서 지나친 기대를 갖거나, 이에 턱없이 못 미치는 시시한 관계라면 진정한 부부의 행복을 찾을 수 없을 것이다.

승자와 패자가 없다

▎내 집, 당신 집?

"결혼식날 솔직히 웨딩드레스 입은 채로 뛰어나오고 싶었어요."
 잘 아는 친구의 딸이 충격적인 고백을 했다. 그는 오랫동안 연애를 해서 양가에서 결혼을 당연시했기 때문에 큰 어려움 없이 결혼할 줄 알았다. 그러나 알고 보니 두 사람은 결혼날짜를 잡고부터 실제 결혼하기까지 몇 개월 동안 끝없이 줄다리기를 한 모양이었다.
 남편은 충청도 장손집안의 아들이었고, 아내의 집은 경상도였다. 아내의 부모는 결혼식을 경상도에서 하기 원했고, 또 그 지역에서는 여자 집 쪽에서 결혼식을 하는 경우가 많은 모양이었다. 반대로 가부장적인 분위기의 남편 집에서는 여자 집 쪽에서 결혼식을 하는 것은 있을 수도 없는 일처럼 받아들이는 집안이었다.
 서로 자신들 부모의 입장을 대변하던 이 예비부부는 급기야 서로에게 해서는 안 될 말까지 하며 상처를 주고 말았다. 그외에도 결혼 준비 과정에서 집안의 사고방식 차이로 적지 않은 갈등이 있었다고 한다.
 결혼식은 끝났으나 두 사람의 문제는 아직 끝나지 않았다. 서로에 대한 섭섭한 마음이 결혼 후에도 이어져 '내 집은 어떻고, 당신 집은 어떻고' 하며 싸우는 일이 많아졌다.

아무리 사랑하던 사람들도 결혼날짜를 잡고 나면 싸우게 된다. 요즘은 실속 있는 젊은이가 늘어나 각자의 결혼비용을 합쳐 함께 집을 마련하고 꼭 필요한 혼수품만 구입하는 경우가 있지만, 아직도 대부분은 각자가 역할을 분담해 결혼을 준비한다.

그러나 법률처럼 정확히 정해진 규칙이 없기 때문에 일반적인 관례에 따르게 되는데 이 역시도 모호해 각자 생각이 다른 예비부부들은 신경전을 벌이기도 한다. 이는 비단 혼수품만이 아니라, 모든 결혼준비 과정에서 벌어질 수 있는 상황이다.

함께 행복하고, 함께 불행하다

싸움에는 승자와 패자가 있게 마련이다. 그러나 부부싸움에는 승자가 없다. 패자만 있을 뿐이다.

위의 부부는 어떻게 되었을까. 갈등 속에서 상처를 주고, 상처를 받고, 결국 남은 건 상처뿐이었다. 상처만 남은 부부가 행복할 수 있겠는가. 부부는 한몸인데, 한쪽이 불행한데 한쪽만 행복할 수는 없다.

어떤 것도 한쪽이 많이 가지면 한쪽이 적게 가지게 마련이지만, 부부는 한쪽이 행복하면 다른 쪽도 행복하고 오히려 행복이 배가 된다. 한 사람이 지극한 사랑을 하면, 다른 쪽은 더 큰 사랑을 베풀어 사랑이 배가 되는 관계다.

반대로 부부는 어느 한쪽이 상처를 주면 그것이 다시 부메랑이 되어 자기에게로 돌아온다. 설사 싸움에서 이겼다 해도 그 결과는 슬픔과 괴로움으로 다가올 것이 분명하다. 그러나 많은 부부들이 이 사실을 너무도 잘 알고 있으면서도 자존심을 내세우고 지지 않으려 애쓴다.

옹졸한 자존심, 성숙한 자존심

 이런 부부들에게 한 가지 묻고 싶다. 과연 진정한 자존심이란 무엇일까?

 눈앞의 상황만을 생각하고 그 순간 이기려는, 아니면 상대로부터 무시당하지 않으려는 것이 자존심이 아니다. 부부간의 불화나 싸움의 결과가 결국 자신에게 돌아오는 것을 아는 지혜로운 사람은 순간적인 감정이나 화를 멈추고 해결을 모색한다. 그 해결책이 싸움에서 지는 것이라 해도 눈앞의 자존심은 과감히 버린 채, 한 발짝 뒤로 물러서 양보하는 방법을 선택한다. 그가 바로 진정한 자존심을 아는 성숙한 사람이다.

 그러나 싸움이 꼭 나쁜 영향을 끼치는 것은 아니다. 오히려 가슴속에 불만을 담고 있으면서 더 큰 오해를 만드는 것보다는 싸우면서 대화하고 또 이해하고 화해하는 것이 훨씬 낫다. 이것은 싸움의 방법 혹은 기술의 문제인 것이다.

 싸움은 절대로 하지 말자. 이것이 원칙이다. 싸움은 유리잔에 작더라도 흠집을 낸다. 하지만 가슴속에 불만이 폭발할 상황이라면, 불만을 승화시킬 수 없다면, 싸움을 회피하지는 말자. 다만 지혜롭게 싸우자. 불만을 토로하는 것이 아니라 문제를 해결하려는 입장에서 대화하자. 그리고 반드시 화해하자.

잘 맞는 짝이란?

▮냉정한 아내, 이기적인 남편

흔히 부부의 차이에 대해 언급할 때 인용되는 이야기가 있다. 어떤 부부가 달걀프라이를 할 때 소금을 넣느냐 마느냐 때문에 이혼했다는 이야기.

물론 그들의 이혼사유가 달걀프라이 때문은 아니었을 것이다. 그만큼 부부 사이의 작은 차이가 갈등의 원인이 된다는 말을 전하고 싶었던 것일 게다.

부부란 서로 다른 사람과의 만남이다. 하나는 남자고, 다른 하나는 여자다. 같은 남자라도 각자 살아온 인생이 다르고, 추구하는 이상도 다르다. 여자도 마찬가지다. 따라서 부부가 서로 다른 것은 아주 정상이다.

결혼식이 끝나고 신혼여행을 시작으로 부부는 함께 행동하게 된다. 어쩌면 이렇게 다를 수가 있을까? 서로 맞추어야 할 일이 한두 가지가 아니다.

생활 습관이 다른 사람이 함께한다는 것은 쉬운 일이 아니다. 내가 하던 습관을 계속하지 못할 때의 작은 불편이 짜증으로 연결되면 큰 싸움이 벌어지고 만다.

주말마다 다투는 부부

이러한 습관의 차이뿐 아니라 부부는 세상을 보는 관점이나 가치관의 차이로 인해 갈등을 일으키기도 한다. 한 부부의 예를 보자.

창의적인 일을 좋아하는 아내는 매사에 남들과 다른 독특한 삶을 살기를 원했다. 그녀는 가정에서도 직장에서처럼 목표를 정하고, 함께 논의하고, 뭔가를 만들어가기를 원했다. 그녀는 주말이면 가족이 함께할 이벤트를 계획했고, 퇴근 후에도 가족과 함께 무엇인가를 하기 원했으며, 그것이 행복한 가정을 만드는 길이라고 생각했다.

그러나 남편은 가정이란 창조보다는 휴식의 공간이며, 가족과 무엇을 하느냐에 구애받기보다는 그냥 함께 있으면 그것으로 좋았다. 남편에겐 휴일 늘어지게 늦잠을 자는 것이 최고의 즐거움이었다.

둘 다 행복한 가정을 원했지만, 그 기준은 전혀 달랐다. 주말마다 싸움이 일어났던 것은 당연지사였다. 부부는 결혼 후 5년간이나 싸웠다. 이 문제는 단순히 습관을 고치는 차원이 아니라, 각자가 추구하는 이상이 정면으로 배치하기 때문에 서로 양보하기가 쉽지 않다.

이 부부의 싸움은 주5일제가 시행되면서 해결되었다. 이틀의 휴일에서 하루는 특별한 이벤트를 만들고, 하루는 늦잠을 자는 날로 정한 것이다.

불변의 진리, 바꾸려 들면 더 안한다

이렇게 부부는 작은 습관에서부터 가치관까지 전혀 다르다. 어쩌면 서로 다르기 때문에 호감을 느껴 결혼에 성공했는지도 모른다. 앞의 부부는 5년 동안 같은 문제로 갈등을 빚었다. 해결점을 찾은 것도 스스로의 양보보다는 주5일제라는 외부적인 요인이 결정적인 역할을 했다.

"5년간 끊임없이 요구하고 설득하고 싸우기도 하고, 온갖 수단을 다 써보았어요. 그런데 정말 하나도 변하지 않더라구요. 조금 변하는가 싶다가도 어느새 제자리로 돌아가 있고, 또 싸우고…… 정말 웬만한 각오나 충격이 아니면 사람을 변화시키기는 쉽지 않은 것 같아요. 오히려 더 안하려 들더라구요."

아내의 말이다.

갈등을 겪고 있는 부부들과 상담을 하다보면 공통적으로 비슷한 말을 한다. 상대방을 내 방식대로 변화시키려고 하면 절대 변하지 않는다는 것이다. 맞는 말이다. 사람들은 스스로 변화하고자 다짐한 사소한 습관 하나조차도 바꾸기 힘들어한다. 더구나 스스로 변화의 필요성을 느끼지 못하는데 상대방이 강요하는 것이라면, 더더욱 고치기 힘들다. 오히려 잔소리처럼 들릴 뿐이다.

이러한 갈등을 예방하는 가장 좋은 방법은 애초에 나에게 잘 맞는 짝을 선택하는 것이다. 그렇다면 서로 잘 맞는 짝이란 어떤 것일까? 사람은 그 생김새만큼이나 천차만별이지만, 그 가운데서도 서로에게 가장 잘 어울리는 짝이 있게 마련이다.

이것은 누가 옳고 그르고의 문제가 아니다. 어떤 유형이 좋고 나쁘냐도 중요하지 않다. 누가 나와 잘 맞는가의 문제다. 갑에게 잘 어울리는 짝이 반드시 을에게도 잘 맞는 것은 아니다. 따라서 자신에게 잘 맞는 짝을 고르는 데 신중을 기해야 한다.

궁합은 맞는 것이 아니라 맞추는 것

그러나 더욱 중요한 일은 일단 맺어진 짝끼리 잘 맞추어 사는 것이다. 사람은 각자 너무도 다르고, 같은 사람이라도 상황에 따라 다른 모습을 보이기 때문에 아무리 신중을 기해 잘 맞는 짝을 골라도 완전히 일치하는 사람이란 있을 수 없다.

인간은 짐승과 신의 중간에 있다고 한다. 한없이 짐승 같을 수도 있고 무한히 성스러울 수도 있는, 극단의 양면을 가질 만큼 폭이 넓은, 지구상에서 가장 복잡한 유기체가 사람이다.

외양에 나타나는 것은 단면적이지만 내면은 늘 양면적이어서, 짐승 같은 인간에게도 성스러운 마음이 잠재해 있고, 군자의 마음에도 짐승 같은 마음이 억제되어 있다.

게다가 사람은 늘 변한다. 나도 변하고 남도 변한다. 환경도 변한다. 그에 따라 부부도 변하는 것이다. 그 변화가 바람직한가 아닌가에 따라 부부의 삶이 행복하기도 하고 불행해지기도 한다. 그러나 자신의 변화는 자기 행동의 결과다.

사람 가운데는 어떤 면에서 극단에 속하는 사람이 있다. 이런 사람은 서로 맞추기가 어렵다. 그래서 처음부터 잘 골라야 하고 더 큰 노력이 필요하지만, 이들조차 사람은 다양한 면을 가지고 있기 때문에 짝과 잘 맞출 수 있다. 그래서 사람이다.

부부의 궁합은 부부가 살아가면서 맞추는 것이다. 부부가 맞추어 낸 궁합이야말로 좋은 궁합이라고 할 수 있다.

예전에는 궁합이 맞다는 것만으로 금실 좋게 살았던 부부가 많았다. 더욱이 서로 미리 맞추어보고 짝지은 현대 부부들이 맞추지 못할 리 있겠는가? 마음과 노력이 부족하기 때문이다. 엄밀히 말하자면 못 맞추는 것이 아니라 안 맞추는 것이다.

▌다른 사람과 맞출 준비가 되어 있는가

먼저 부부는 서로 다를 수밖에 없다는 것을 인정하자. 그 전제하에 서로 조율하는 지혜가 필요하다. 상대방이 나에게 맞추도록 하는 것보다 상대방에게 나를 맞추는 것이 훨씬 쉽다. 이것은 이미 여러 선배들이 숱한 시행착오를 거치며 검증한 진리다. 내가 상대방에게 맞추려고 하면 할수록 나는 더 성숙한 사람이 되어 멋진 삶을 살 수 있다.

미혼의 남녀들은 결혼에 대한 기대와 함께 두려움을 가지고 있다. 언젠가 한 제자의 물음에 했던 대답을 그들에게 들려주고 싶다.

"교수님, 잘 맞는다는 게 어떤 것일까요? 잘 맞는 사람을 고르는 게 정말 중요한 거 같아요."

"물론이지. 눈을 크게 뜨고 잘 찾아봐. 그의 과거, 현재, 미래에 대한 대화도 많이 해보고, 연애도 오래 해보고……. 그런데 말이야, 그보다 전제되어야 할 것은 너 자신이 다른 사람과 짝을 맞출 준비가 되어 있느냐 하는 것이야. 아무리 찾아도 이 세상에 자신과 딱 맞는 사람은 없어. 너의 마음가짐이 중요해. 성숙한 사랑이 무엇인지, 어떤 한 사람을 진심으로 이해하고, 내가 갖고 있던 것들을 과감히 버리고 맞춰갈 수 있는지……. 그게 가장 중요하다고."

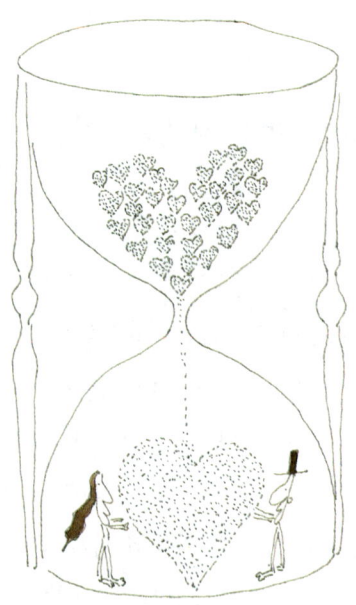

세월 따라 깊어지는 사랑의 비결

▍편안해서 문제다

인간은 불완전하다. 그래서 늘 완전과 안정을 추구한다. 어쩌면 남녀가 짝을 지어야 핏줄을 잇고 인류를 보존할 수 있다는 사실이 인간의 불완전을 원초적으로 보여주는 것인지도 모른다.

결혼을 통해 얻을 수 있는 가장 좋은 점은 안정감이라 할 수 있다. 안정감은 편안함에서 온다. 부담 없이 성관계를 가질 수 있고, 깊은 속말을 나눌 수 있으며, 어떤 대가를 바라지 않고 상대를 위해 희생할 수 있는 게 부부다. 따라서 어딘지 모르게 상대가 불편하다면 부부관계에서 가장 중요한 걸 잃고 있는 것이다.

그런데 그 편안함은 가끔 문제를 일으킨다. 가물이 들기 전에는 물 귀한 줄 모르는 게 세상살이다. 부부간도 마찬가지여서 편안함이 일상화되면, 그것이 얼마나 귀한지 잊어버리고 서로에게 소홀하기 쉽다.

부부는 서로에게 가장 편안할 수 있기 때문에 가장 소중한 관계다. 가장 소중하기 때문에 또 그만큼의 배려가 있어야 한다.

요즘 상대방이 불편하지는 않은지, 또는 너무 편안해 서로의 소중함을 잊고 지낸 것은 아닌지, 한번 되돌아볼 일이다.

어떤 부부도 행복해질 수 있다

"내가 너희들 아니면 벌써 딴살림 차렸어. 나니까 니들 아버지 다 받아주고 살았지."

누구나 한번쯤은 이런 어머니의 하소연을 들어봤을 것이다. 농담삼아 하는 말 같지만, 실제로 많은 부부들이 재미가 없어도 그냥 산다고 한다. 아이들 때문에, 경제적인 이유 때문에, 다른 대안이 없어서, 다른 사람 눈 때문에 등 이런저런 이유로 마지못해 산다는 것이다. 겉으로 보기에 잘사는 듯 보이는 부부도 그들의 생활을 좀더 깊게 들여다보면 정말 그런 정도였나 싶은 경우가 많다. 안타까운 일이다.

흔히 좋지 않은 일이 생기면 그 이유를 따지고, 무심결에 남의 탓으로 돌리며 위안을 삼게 된다. 어쩌면 그것이 사람의 본성인지도 모르겠다. 부부간에도 마찬가지다. 행복하지 못한 이유를 상대에서 찾으려는 것이다.

앞에서 강조했듯이 상대방을 나에게 맞게 변화시키기는 쉽지 않다. 거의 불가능하다고 조언하는 사람들조차 있다. 그렇다면 행복하지 못한 이유를 상대에게서 찾는다면 영영 불행에서 빠져나올 수 없다. 생각을 바꿔보자. 행복하지 않은 이유는 그에게 맞추지 못한 나에게 있을 수도 있는 것이다. 그 역시 나로 인해 행복하지 못할 테니까 말이다.

부부는 결혼하고 아이를 낳고, 중년기, 노년기를 거치면서 관계가 성숙한다. 부부는 매일 상대를 보고 웃고 울고 화내며 함께 행동하기에 5년, 10년, 세월이 지날수록 얼굴이 닮아간다. 매일 웃고 사는 부부는 웃는 데 동원되는 얼굴 근육이 발달하여 웃는 얼굴로 늙어간다. 매일 서로 화를 내는 부부는 화내는 데 동원된 근육이 발달하여 화난 얼굴, 무서운 얼굴로 늙으며 서로 닮게 된다.

서로 달랐던 두 사람이 부부가 되어 어느새 서로 닮아 있는 건강한 부부, 행복한 부부가 되기 위해서는 물 흐르듯 자연스러운 노력이 삶의 전과정을 통해 지속되어야 한다.

이 세상에 노력하지 않고 되는 일은 없다. 그러나 불행한 부부들의 공통점은 가정의 행복이나 사랑을 저절로 우러나오는 자연스러운 것이라고만 생각한 나머지 치열하게 고민하지 않는다. 가정이 가장 중요하다는 것을 잘 알면서도, 바쁜 일상생활 때문에 정작 가정의 행복을 지키려는 노력은 소홀히 하는 것이다. 무엇이든 알고 있기만 해서는 아무 소용이 없다. 고민하고 계획하고 실천하자.

▌부부관계를 연결하는 도구

부부가 서로 잘 맞추어 살아가자면 부부관계를 연결하는 도구를 잘 활용해야 한다. 특히 중요하고 효과적인 도구를 꼽는다면 의사소통·힘의 균형·스트레스 관리·성생활이 있다. 이들 도구는 본래 부부관계만을 위한 것이 아니라, 인간생활의 여러 분야에 널리 활용되는 도구다.

일반론을 펼치자면 끝이 없지만, 이미 개발되어 있는 개념과 기법 가운데 부부건강의 관점에서 필요한 부분을 골라서, 건강에 관한 이론적 개념 틀에 따라 활용한다면 매우 유익할 것이다.

즉 서로간의 의사소통을 원만하게 유지하고, 조화롭게 힘의 균형을 이루며, 서로에게 좋은 스트레스원이 되면서 나쁜 스트레스를 빨리 없애도록 마음을 합해 노력하고, 성생활을 제대로 즐긴다면, 처음 부부가 되었을 때처럼 사랑이 가득한 가운데 날아갈 듯한 기분을 평생 간직할 수 있을 것이다.

좀더 정확히 말하자면 오히려 신혼 초의 들뜬 마음과는 다른, 세월이 쌓이면서 무르익는 사랑의 깊이를 느끼게 되고, 서로 부부됨으로 인해 더욱 윤택해지고 즐거워진 삶을 감사하게 될 것이다. 그러한 부부는 살아갈수록 궁합이 더 잘 맞고 좋아진다. 무릇 부부로 산다면 그렇게 살아야 하지 않겠는가?

> 부부관계의
> 기본 속성

▌각자이면서 하나다

부부는 멀면서도 아주 가까운 사이다. 그리고 각자이면서 동시에 하나다. 이 얼마나 멋진 조화인가.

그런데 이러한 조화는 부부관계가 시작되는 순간부터 새로운 긴장과 불안정을 낳는다. 이처럼 불완전하기 때문에 인간이며, 부부관계에도 지혜가 필요한 것이다. 다행히 인간은 자기를 객관화시켜 통찰할 줄 안다. 스스로가 불완전하며 약점이 많다는 사실을 알고 이에 대처할 줄 안다는 것이다.

각자일 때보다 더 안정되고 완전해져야 부부의 인연을 맺은 뜻이 있지 않겠는가? 이 뜻을 살려 행복하게 살아가려면 부부관계의 기본 속성을 이해하고 잘 살려야 한다.

▌살을 섞고 사는 사이

그럼 부부관계의 기본 속성에는 어떤 것들이 있을까?
첫째, 부부는 혈연으로 맺어지는 관계다.

남남이 만나 부부를 이루지만 부부는 살을 섞고 사는 사이다. 서로 다른 혈연으로 태어났지만 이로써 혈연관계를 맺는다. 아이가 생기면 남편과 아내의 가계가 연결되어 혈통이 이어지지만, 아이가 생기지 않아도 부부는 부부가 되는 순간에 이미 혈연인 것이다.

또한 부부는 서로의 혈연관계를 공유한다. 혈연은 어떤 관계보다 강하므로 부부관계의 혈연적 속성을 잘 활용하는 게 좋은 부부관계의 토대가 된다.

둘째, 부부는 힘의 구조로 연결되어 있다.

부부는 기본적으로 두 사람이다. 남편과 아내라는 두 주체가 있고, 이들을 연결하는 관계가 부부를 구성한다. 즉 부부는 집단인 것이다. 관계란 힘의 균형상태라고 할 수 있으며, 힘이란 자신의 의도대로 남을 움직이는 것을 의미한다.

부부에게는 각각의 개체로서가 아니라 부부라는 집단으로서 의사를 결정하고 행동해야 할 사안이 많이 생기게 마련이다. 옛날에는 남편의 의사에 절대적으로 순종하는 것이 아내의 미덕으로 간주되었다. 그러나 이제는 남편에게 무조건 순종하는 것이 아니라 부부 사이에 서로 받아들일 수 있는 합리적인 방법을 찾아 힘의 균형을 유지하려고 한다.

부부관계에서 발생하는 힘의 속성을 이해하고 잘 활용하는 것도 좋은 부부의 기초 조건이다.

행복한 부부, 초라한 부부

셋째, 부부는 기능으로 연결되어 있다.

부부는 가정을 이룬다. 둘만의 가정일 수도 있고, 부모 또는 형제자매 등과 함께 사는 가정일 수도 있다. 아이가 태어나면 가정은 그만큼 커진다. 가정의 구성원은 가정에 필요한 여러 가지 기능을 분담하게 된다.

우리나라에서는 일반적으로 가정의 경제적인 기능은 남편이, 가사는 아내가 맡아 서로 도우며 살아왔다. 그러나 이제는 남편과 아내의 기능과 의존의 정도가 바뀌고 있다. 아내가 경제적인 기능을 하게 되면서 남편에 대한 경제적 의존도가 낮아졌다. 또 전적으로 아내에게 의존했던 가사일 역시 분담하는 정도가 많아졌다.

주어진 환경에서 기능분담의 조화를 잘 이루는 것은 행복한 부부생활의 기초다.

넷째, 부부는 같이 늙어가는 관계다.

예로부터 부부가 한평생 같이 지내며 함께 늙는 것을 큰 복으로 여겨 백년해로를 축원하고 기약했다. 그런데 부부는 처음 만났을 때의 모습으로 평생을 사는 것이 아니다. 함께 살면서 나이를 먹고, 여러모로 성장·발전한다. 따라서 상대를 어떤 모습으로 성장·발전시키는가가 중요하다.

서로의 도움으로 나이가 많아질수록 신체적으로 세련되고 정신적으로 우아해진 부부가 있는가 하면, 서로가 서로를 위축시켜 신체적·정신적으로 초라해진 부부도 있다. 자신의 성장을 위해 아내에게 신체적·정신적 희생을 강요하는 남편도 있다.

많은 여성들이 남편의 성장을 곧 자기의 발전으로 생각하고 살아가지만, 그것이 아내의 일방적 희생으로 귀착된다면 의미가 없다. 남편의 출세와 더불어 부부생활이 깨지는 경우가 있는데, 이는 양쪽 모두에게 불행한 일이 아닐 수 없다.

일생을 살아가는 동안 어떤 때는 남편이 아내를 위하여, 또 어떤 때는 아내가 남편을 위하여 희생도 해가면서 부부의 삶을 멋지게 성숙시켜야 할 것이다. 그러자면 부부란 함께 늙어가는 반려자의 관계라는 사실을 되새겨볼 필요가 있다.

다섯째, 부부는 가정 및 사회와 영향을 주고받는 관계다.

부부관계의 핵심은 부부이며, 부부생활의 행복과 불행은 부부관계가 좌우한다. 그러나 부부가 속하는 가정의 구성원, 좀더 넓은 의미의 가족 및 사회와의 관계가 부부생활에 상당한 영향을 준다. 그 영향의 크기는 시대와 지역에 따라 다르지만 이를 객관적으로 잘 파악하고 대처하는 일은 부부의 행복한 삶에 매우 중요하다.

■ 둘째딸이 말하는 엄마와 나의 결혼이야기 ❶

결혼 전에 엄마가 말씀하신 바람직한 결혼생활

■ ■ '**남편감**' 보다는 딸들의 인생

유학을 떠날 무렵, 어떤 선생님이 내게 농담처럼 말씀하셨다.
"한국사회에서 여자가 결혼 안하고 사는 것이 얼마나 힘든 일인지 몰라. 남자들이 시시해 보일지 모르지만, 결혼했다는 사실만으로도 사회생활을 하는 데 다른 사람들에게 괜한 오해나 귀찮은 일을 덜 당해. 공부하면서 결혼도 꼭 하고 돌아와."
마치 그 선생님 말씀을 실천이라도 하듯이 유학시절 중반에 지금의 남편을 만나 결혼했다.
결혼 전, 부모님께서는 내가 어떤 직업을 가진, 또는 어떤 성격의 남편감을 만났으면 좋겠다고 말씀하신 적이 없다. 부모님께서는 우리 자매들에게 인생을 어떻게 살아가는 것이 좋은지, 어떤 인생철학으로 사는 게 바람직한지 등 주로 인생에 대해 조언해주셨다. 딸들의 인생에 '사위' 라는 존재가 당연히 있어야 한다고 생각했지만 큰 비중을 두지는 않으신 것 같다. 나를 길러 주신 할머니께서도 다 큰 처녀들인 우리의 결혼보다는 사회적인 일이나 공부에 더 관심이 많으셨다.

■ ■ **최고의 결혼선물**

　유학을 떠난 지 2년째 되던 해 여름, 나는 결혼하고 싶은 사람이 있으니 방학 때 인사시키겠다고 가족들에게 통보했다. 나의 결혼에 대해 아무런 준비도 안 돼 있던 부모님과 가족들은 얼떨결에 나의 남편을 맞이했고, 열흘 만에 결혼식을 치렀다.

　어떻게 열흘 만에 결혼식 준비가 가능했는지 궁금해하는 분들이 많은데, 18k 금반지를 나눠 낀 것 외에 예물, 예단, 혼수는 아무것도 하지 않았다. 나와 남편은 최대한 간소한 결혼식을 원했다. 양가 부모님께서도 다행히 우리의 뜻에 따라주셨다.

　결혼을 앞둔 열흘 동안 내가 받은 가장 큰 선물은, 엄마와 보낸 시간과 엄마가 해준 결혼생활에 관한 이야기다. 갑자기 결혼하겠다는 딸 때문에 얼마나 당황스러우셨을지, 얼마나 해주고 싶은 이야기가 많으셨을지, 지금 생각하면 엄마한테 참 죄송하다.

■■ 서로 존중하며 살아라

어릴 때부터 지켜본 부모님은 서로 존중하고 존경하는 모습이었다. 당연히 나는 그 부분에 대해 너무나 잘 안다고 생각했고, 두 분처럼 생활할 자신도 있었다. 얼마 지나지 않아 그 자신감이 오만이었음을 깨달았지만.

부모님은 항상 서로 존댓말을 쓰셨다. 엄마가 우리에게 아빠의 나쁜 점을 말씀하신다거나, 아빠가 우리에게 엄마의 단점에 대해 언급하시는 경우조차 없었다. 대학시절까지도 아빠가 정말 결점이 없는 분이라고 믿었으니까.

아빠에 대한 엄마의 존경심은 대단한 것이었고, 그 마음을 우리 앞에서 자주 표현하셨다. 아빠의 엄마에 대한 존경심 또한 그에 못지않았다. 두 분은 서로가 서로의 장점을 칭찬해주는 모습을 우리에게 많이 보여주셨다.

■■ 대화로 풀어라

어릴 때부터 우리 집은 가족들이 모여 이야기를 많이 했다. 주로 아빠, 엄마, 언니가 이야기를 하고 나와 동생들은 듣는 편이었다. 항상 부모님은 이야기 속에 우리를 끼워주셨다. 어린애들이 말도 안 되는 이야기로 엄마 아빠의 대화에 끼어들었을 텐데,

애들은 가라거나 어른 말씀하시는데 버릇없이 끼어든다고 야단친 적은 없다.

주로 엄마가 많은 이야기를 하셨고, 아빠는 많이 들어주셨다. 우리가 질문하면 아빠가 차근차근 설명해주셨던 기억이 많다. 이런 집안 분위기 속에서 자란 내게, 결혼생활에서 대화는 정말 중요한 것이었다. 이 부분도 잘해나갈 자신이 있었다.

■ ■ 부부싸움은 절대 해서는 안 된다

엄마가 해주신 이야기 중 하이라이트다. 부부싸움은 절대로 해서는 안 된다는 것. 한번 싸우면 계속 싸우게 되니까.

엄마는 이렇게 말씀하셨다.

"살다보면 서로 마음에 맞지 않는 일이 생기는 건 당연해. 그때는 부딪히지 말고, 우선 네가 숙이고 참아라. 상황이 가라앉은 다음에, 네 원래 의도가 무엇이었는지, 이런 점을 당신이 오해한 것 같다든지 하면서 부드럽고 다정하게 이야기하렴."

자라면서 나는 부모님이 싸우는 모습을 한 번도 보지 못했다. 초등학교 2~3학년 때였던 것 같다. 수업시간에 부모님들이 싸우는 것에 대해 돌아가면서 이야기하게 되었다. 내 차례가 되자, 나는 우리 부모님은 싸우지 않는다, 싸우는 것을 한 번도 못 보앉다고 말했다. 그랬더니 선생님께서 정색을 하셨다.

"거짓말이지? 어떻게 한 번도 안 싸울 수 있니?"

그래서 나는 졸지에 거짓말쟁이가 되어버렸다.

엄마가 속상해하면서 혼자 창밖을 내다보던 모습은 기억나지만, 아빠와 엄마가 큰소리로 언쟁했던 기억은 없다.

이 부분도 나는 어느 정도 자신이 있었다. 내가 좀 손해를 보더라도 양보하고, 싸울 일이나 서로 마음이 상할 일은 피하면 된다고 생각했다.

>>> 신체건강　　　　　　　　　　　　2장

행복하려면 건강하라

어느 날, 혼자 남겨진다면?
부부건강, 둘이서 함께
추어탕을 좋아하는 아내, 피자를 즐겨먹는 남편
규칙적인 배설습관은 성감을 높인다
코 고는 남편, 이 가는 아내
부부가 함께하는 운동과 레크리에이션
부부가 합심하여 담배 끊는 법
곰 쓸개, 정말 정력에 좋을까?

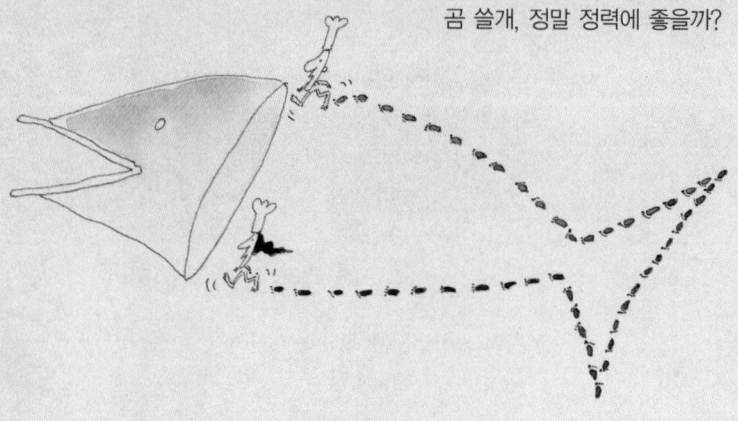

행복은 무엇보다 건강 속에 있다.
-커티스

결혼 전에는 눈을 크게 뜨고 보라. 그러나 결혼 후에는
한쪽 눈을 감고 보라.
-토머스 풀러

좋은 아내는 남편이 비밀에 붙이고 싶어하는
사소한 일을 언제나 모른 척한다.
그것은 결혼생활의 기본예절이다.
-서머싯 몸

좋은 아내와 건강은 최고의 재산이다.
-영국속담

> 어느 날,
> 혼자 남겨진다면?

▍이제 혼자가 아니라 부부다

"잠을 자는 아내의 숨소리가 고맙다."

병든 아내의 숨소리가 고마운 남편. 갈대가 보고 싶다는 아내와 추억여행을 떠난 남편은 야윈 아내를 안고 하늘을 향해 마음속으로 소리친다.

"하느님. 이 사람을 사랑하니, 이대로라도 같이 있게 해주세요."

잡지에 실린 애틋한 사연이다.

또 얼마 전에는 병을 앓던 아내가 세상을 떠난 후 술에 의지하여 하루하루를 보내던 남편이 알코올중독으로 숨지는 사건이 발생했다. 숨질 당시 남편은 열 살 난 딸과 저녁식사를 하던 중이었다고 한다.

어느 날 갑자기 혼자 남겨지게 되면 어떨까?

사랑하는 사람이 불치병으로 시한부 선고를 받는 가슴 아픈 사연을 자주 접하게 된다. 평생 함께할 동반자를 잃는 슬픔만큼 고통스러운 일이 또 있을까?

이런 극단적인 상황이 아니더라도, 배우자가 지병으로 장기 입원을 한다거나 심지어 사소한 감기에 걸려도 상대방에게 직접적인 영향을 미칠 뿐 아니라 가정의 일상적인 흐름이 깨지게 된다.

결혼을 하면 남편의 건강이 곧 아내의 건강이요, 아내의 건강이 곧 남편의 건강인 것이다. 남편이 아프면 아내가 아픈 것이고, 아내가 괴로워하면 남편 또한 고통스럽다. 건강하지 못한 상태에서 아이를 갖게 되면 부부의 질병이 자녀에게 유전되기도 한다. 이처럼 부부의 건강은 상호의존적이다.

부부들이여, 서로 간섭하라

따라서 부부는 상대방의 건강에 간섭하고, 상대방의 건강상태가 자기 마음에 흡족하지 않으면 불편을 느끼게 된다. 이것은 몹시 자연스러운 행동이며, 부부는 마땅히 상대방의 건강을 관리해야 한다. 그러나 어떤 부부들은 이것을 자유의 구속이나 잔소리로 여겨 갈등을 일으키기도 한다.

하루에 담배 세 갑을 피고, 일을 핑계로 매주 5회 이상 술을 마시는 남편이 있었다. 아내는 남편이 매일 늦는 것도 마음에 들지 않았지만, 무엇보다 남편의 건강이 걱정되었다.

"여보, 담배 좀 안 피우면 안 돼요? 술도 그래. 꼭 그렇게 마셔대야 일이 돼요? 그럴 바에야 차라리 일을 그만두는 게 낫겠어요."

"괜찮아, 아직 거뜬하다고. 나보다 더 건강한 사람 있으면 나와 보라 그래."

"당신은 당신 생각만 해요? 허구헌 날 술냄새 폭폭 풍기는 남편 기다리는 것도 지겨워. 도대체 애들과 내 생각은 하는 거예요?"

"또 시작이군. 축나도 내 몸이 축나지, 왜 그래? 내 몸 가지고 내 맘대로 하는데 당신이 무슨 상관이야!"

주부들과 대화를 해보면 남자들은 흔히 이런 식으로 반응을 한다. 잔소리처럼 대화를 끌고 가는 아내의 대화법에도 문제가 있지만, 이런 경우 남편의 사고방식을 지적하지 않을 수 없다.

남편이 아프면 결국 병 수발은 아내의 몫이 되고, 아내와 가정 전체에 지대한 영향을 미친다. 뿐만 아니라 사랑하는 남편의 고통은 아내에게도 말할 수 없는 고통이 된다. 따라서 자신의 몸을 건강하게 지키는 것은 상대방에 대한 예의이자 의무라고 할 수 있다.

사람은 누구나 태어날 때부터 약한 부분이 있다. 혼자 살 때는 약한 부분 때문에 생기는 어려움이나 고통을 혼자 견디면 되지만 결혼 후에는 사정이 다르다. 혼자만의 문제가 아니라 부부간의 문제가 되는 것이다.

따라서 혼자일 때보다 더 강한 의지와 노력으로 약한 부분을 보완해야 한다. 배우자 역시 상대방을 도와야 하는데, 이는 상대방뿐만 아니라 자신을 위해서도 중요하다.

부부가 힘을 합치면 가정환경을 건강하게 하고, 고통이나 질병을 모면하면서 정열적으로 살아갈 수 있다. 여기에 부부가 되는 적극적 의미가 있다.

부부가 함께 살다보면 아플 때가 있다. 그럴 때는 함께 노력해 치료해야 한다. 혼자일 때보다 훨씬 나은 것은 물론이다. 그렇지만 이보다 더욱 중요한 것은 병에 걸리지 않도록 건강을 유지, 증진하는 일이다.

부부생활이 즐거워진다

부부가 건강해지면 부부생활은 더욱 즐거워지고, 부부관계도 두터워진다. 남편과 부인은 서로 건강하도록 도와 건강한 가정을 만들어가는 관계다. 그 안에는 각자 건강을 지키는 노력, 상대의 건강을 돌보는 노력, 부부의 공동 행동으로 모두의 건강을 증진시키는 노력이 포괄된다.

이 책에서는 부부의 행복을 건강의 관점에서 체계적으로 접근해 보았다. 건강이라고 해서 부부 사이의 신체적 측면 또는 육체적 행복에 관한 것이라고 속단해서는 안 된다. 오늘날의 건강이란 '신체적 · 정신적 · 정서적 · 영적 · 사회적 안녕 상태'라는 매우 폭넓은 개념이다.

부부의 행복에 대해 이처럼 넓게 접근하다보면, 반대로 신체적 측면을 경시하기 쉬운데 이 역시 속단하지 말기 바란다. 각각의 측면이 각각 그만큼의 중요성을 가지고 부부의 행복을 위해 상승작용을 일으키는 평범하면서도 절실한 지혜를 이 책에 담아보자는 것이 필자의 의도다.

부부는 신체적 · 정서적 · 정신적 · 영적 · 사회적으로 건강이 좋아지는 방향으로 행동하고 서로의 관계를 유지해야 한다. 이를 위해서는 자신이 건강해야 하고, 건강한 부부관계를 통하여 배우자도 건강하게 해야 한다. 부부관계를 건강하게 이끌어간다면 살아갈수록 부부간의 궁합이 좋아지게 마련이다. 건강한 부부관계는 부부의 행복으로 가는 지름길이다.

부부건강, 둘이서 함께

건강은 부부의 의무

부부관계와 건강증진의 상호관련을 건강의 다섯 측면, 즉 신체적 부부건강, 정서적 부부건강, 정신적 부부건강, 영적 부부건강, 사회적 부부건강으로 나누어 간략히 짚어보고자 한다.

첫째, 부부는 신체적으로 서로 건강하도록 생활해야 한다. 신체적 건강의 징표는 한마디로 무병이다. 즉 몸에 통증이 없고, 질병이 없으며 정열이 넘쳐야 한다. 그리고 배우자에 앞서 자신부터 병이 없어야 한다.

아내가 아프다고 하면 남편은 마음 아파할 것이며, 아내가 빨리 완쾌되도록 도와줄 것이다. 그러나 입원할 정도의 깊은 병은 아니면서 매일같이 아프다고 하면 남편의 관심은 점점 멀어지게 마련이다.

1년 정도 매일 아프다면서 남편을 힘들게 하면, 남편은 아내의 고통을 자신의 고통이라고 생각하기보다는 부담스러워하기 쉽다. 아내가 없었으면 하는 극단적인 생각을 하게 될지도 모른다. 거꾸로 남편이 매일 아프다고 해도 마찬가지일 것이다. 그러므로 자신의 건강을 성실하게 관리하는 것이 부부 사이의 도리다.

일상의 건강생활에서 상호간에 가장 큰 영향을 주는 관계가 부부다. 그러므로 부부는 건강한 몸으로 서로를 대하면서 서로에게 에너지를 공급하여 서로 건강하도록 도와주어야 한다. 또 그렇게 도와줄 수 있는 사이가 부부다.

표현할수록 풍부해진다

둘째, 부부는 정서적으로 서로에게 좋은 기분을 주는 관계가 되어야 한다. 그리고 이를 통해 항상 평온하고 기쁨이 넘치며 즐거워야 한다. 그러자면 부부는 서로 사랑하는 감정이 충만해야 한다. 정서 건강의 징표는 결국 서로에 대한 애정인 것이다.

부부는 매일 얼굴을 마주보면서, 혹은 생각 속에서 상호작용을 한다. 때문에 서로의 기분에 가장 크게 영향을 준다. 무덤덤한 표정과 태도, 심지어는 기분 나쁜 듯한 불쾌한 태도로 배우자를 대한다면 세월이 지나면서 부부관계는 나빠질 수밖에 없다. 그러므로 상대방의 기분을 맞춰주고 서로 즐겁도록 노력하여, 함께 살면 살수록 좋아하고 사랑하는 감정이 두터워지도록 해야 한다.

부부는 사랑을 표현하는 데 인색해지기 쉽다. 그러면서도 단지 표현하지 않을 뿐, 사랑하지 않는 것은 아니라고 한다. 그러나 감정 표현이 너무 인색하면 마치 사랑하지 않는 것처럼 여겨진다. 이것은 아주 잘못된 것이다. 사랑의 감정은 표현할수록 상승작용을 하여 더욱 풍부해진다는 것을 알아야 한다.

생동감 있고 재미있는 삶

 셋째, 부부는 맑은 머리로 창의적 사고를 하도록 서로 도와 정신건강을 증진해야 한다. 상대방의 지적 호기심을 존중해주는 한편, 배우자로부터 배워 더 높은 쪽으로 지적 수준과 사고체계를 맞추어 나가야 한다. 그러자면 상대방의 자긍심을 인정하고 북돋워주어야 한다.

 일상생활이 구태의연하고 게으르며 의욕적이지 못하면 부부 사이도 권태로워진다. 반면에 항상 새로운 것을 알려고 하는 태도는 삶을 생동감 있고 재미있게 만든다.

 모든 것을 다 아는 사람은 없다. 남편은 사회활동을 하고 아내는 전업주부인 경우, 남편은 사회 전반에 관해 잘 알지만 아내는 모르게 마련이다. 남편도 아내도 이를 당연하게 여기고, 일상의 생활정보에 대해서는 주부의 전유물로 치부해버리는 경우가 많다.

 정보도 분담해야 효율성이 높아지겠지만, 상대가 가진 정보를 내가 가진 것이나 다를 바 없이 활용할 수 있어야 분담의 의의가 커진다. 그러자면 일정한 정보의 공유가 있어야 한다. 부부는 이렇게 공유와 분담이 가능한 관계이며, 그 바탕에는 서로를 인정하는 마음과 자긍심이 깔리게 된다.

 따라서 남편은 사회활동을 하면서 알게 된 각종 정보들을 아내에게 알려줄 필요가 있으며, 아내가 알고 있는 일상의 생활정보에도 관심을 가져야 한다. 아내 역시 자신이 아는 정보를 남편에게 알려주고 남편이 알고 있는 정보를 공유하려고 노력해야 한다.

무한한 신뢰

넷째, 부부는 도덕과 양심에 따라 일상생활을 바르게 살도록 서로 도움으로써 영적 건강을 유지해야 한다. 그러자면 도덕과 양심에 대해 서로 신뢰가 있어야 한다.

일상생활에서 부부는 옳고 그름을 판단해야 하는 상황을 무수히 맞이한다. 만일 부부간에 도덕과 양심에 대한 신뢰가 없으면 옳고 그름의 판단도 믿을 수 없게 된다. 그래서 부부 사이가 나빠진다. 그러므로 부부는 서로의 신뢰 속에서 도덕과 양심에 따라 올바르고 정의롭도록 노력해야 한다. 무한한 신뢰, 그것이 영적 건강의 징표인 것이다.

외견상 남부러울 것 없어 보이는 부부나 가정이 뜻밖에도 하루아침에 깨지는 경우가 있다. 이런 경우에는 영적 불건강이 주된 요인일 때가 많다. 부부의 한쪽 또는 양쪽 모두의 영적 불건강은 가족관계나 사회관계를 통해 부부관계에 좋지 않은 결과를 가져온다. 영적 건강은 자신을 위해서도 중요한 것이며, 영적 건강의 증진에 부부관계만큼 효과적인 도구도 없을 것이다.

부부니까 이해해주겠지

다섯째, 부부가 같이 살면 공동으로 가질 수밖에 없는 물적·인적 관계를 서로의 이해를 통해 안정시키도록 노력해야 한다. 이것이 부부의 입장에서 본 사회적 건강이다.

부부는 친척관계, 자녀양육 등과 같은 인간관계와 집, 살림, 수입과 지출 등 물적 관계의 영향을 받는다. 따라서 부부는 인적·물적 관계를 서로 만족할 수 있는 온당한 방향으로 유지해야 한다. 특히 부부와 관련된 사회적 관계는 어떤 관계보다도 더 정성을 기울여야 한다. 그런데도 부부니까 이해해주겠지 하는 마음으로 소홀히 하는 경우가 많다.

내일 건강하길 바란다면 지금 무엇인가를 시작하라

혼인 전에 불구이거나 질병, 기타 건강상의 약점이 있는 줄 알면서도 부부의 인연을 맺는 경우가 있다. 신체적 건강의 약점을 극복하려면 그만큼 힘들겠지만, 이를 감수하면서 맺는 인연이므로 아름다운 일이다. 참으로 뜨거운 사랑으로 인생의 반려자를 껴안는 행위라고 할 만하다.

남에게 부담을 주는 사람이 되고 싶은 사람은 없을 것이다. 더욱이 사랑하는 자기 배우자에게 부담을 주면서 어둡고 불행하게 살아서야 되겠는가. 아프고 싶은 사람도 없을 것이다. 그러나 살다보면 건강관리를 잘했는데도 질병에 걸려 고통을 받을 때가 있다. 불가피한 사유로 폐질에 이르기도 한다. 평소에 부부관계를 건강하게 유지해온 부부는 이러한 고통을 계기로 상대방이 더 소중해지고 더욱 행복한 부부가 된다.

이런 부부들을 두고 어떻게 불건강을 떠올릴 수 있겠는가? 애정과 자긍심과 무한한 신뢰와 활기찬 건강이 넘쳐나고 있다. 정신적 영역이 신체적 약점을 녹여버린 것이다.

이러한 경우는 원한다고 되는 게 아니다. 불가피하게 맞게 된 고난을 이겨내는 인간만의 정서적·정신적·영적 능력이다. 보편적으로는 부부간에도 신체적 건강이 매우 중요하다. 정신적·사회적 건강이 신체적 건강을 촉진시키지만, 신체적 건강이 좋아야 정신적·사회적 건강을 유지할 수 있는 측면이 있다.

따라서 부부는 건강증진을 위해 다섯 가지 측면의 노력을 함께해야 한다. 부부가 함께하는 도구로 다음 네 가지를 들 수 있다. 부부간의 관계를 연결하는 의사소통, 힘의 균형, 스트레스, 성생활이다. 이런 요소들을 활용하여 다섯 가지 측면의 부부건강을 유지하고 촉진하는 것이다.

사람은 개성이 맞는 짝을 골라 부부가 되지만 워낙 천차만별인지라 완벽하게 맞는 짝이란 있을 수 없다. 타고난 건강 역시 많은 차이가 있다.

과거의 행동이 오늘의 나를 규정하듯 오늘의 행동은 내일의 나를 규정하므로 장래를 위해 뭔가 새롭게 시작하는 것이다. 그래서 인생은 재미있고 살아볼 만한 것인지도 모른다. 부부건강도 마찬가지다.

건강한 부부가 찰떡궁합을 만든다

이제 전체를 조망해보기 위하여, 건강의 다섯 측면과 네 가지 연결도구를 교차시키고, 그 교차점에 다소 자의적이지만 상호관계를 집약적으로 나타내는 핵심 용어를 배열해본다면 다음의 표와 같다. 이러한 틀에 좇아 건강한 부부관계를 만들어 가다보면 둘 사이는 속칭 찰떡궁합이 될 것이다.

인간은 정점을 향해 계속 전진할 때 즐겁고 활기차며 보람을 느낀다. 스스로 정점에 도달했다고 생각한 순간 말할 수 없이 기쁘고 성취감에 가슴이 부풀지만 이를 마냥 향유할 수는 없다. 이를 유지·관리하는 노력을 꾸준히 계속하거나, 새로운 성취 목표를 정해 매진해야 하는 것이 인간이다. 그렇지 못하면 따분한 삶, 퇴보하는 인생의 씁쓸함에 빠지고 만다.

건강한 부부관계의 기본 틀

건강의 측면		신체건강	정서건강	정신건강	영적 건강	사회적 건강
건강의 징표		무병	애정	자긍심	신뢰	안정
부부관계의 연결도구	의사소통	일상생활	감정·느낌	지식·정보	인생관	자녀·가계
	힘의 균형	물리적 힘	무력의 힘	인정·존경	외유내강	역할분담
	스트레스	균형식·운동	호감의 언행	지적 욕구	양심·정의	인척관계
	성생활	신체·생리반응 (육성)	애정의 교감 (감성)	성기술 개발 (지성)	헌신적 조화 (덕성)	떳떳한 관계 (사회성)

건강도 부부관계도 마찬가지다. 건강한 부부관계를 위한 부부의 건강증진에 함께 힘써 활력에 넘치는 부부생활을 즐기며 인생을 행복하게 살아야 하지 않겠는가?

건강 오각형으로 설계하는 부부의 건강

부부의 관계를 건강이라는 측면에서 진단해보자.

다음 그림은 원점으로부터 다섯 방향으로 뻗은 방사형 축에 일정한 간격의 눈금을 표시해놓은 것이다. 각 축은 신체적·정서적·정신적·영적·사회적 건강의 지표이며, 각 축이 이루는 각도는 72도로 일정하다.

당신과 같은 연배의 건강인을 상정하고 당신이 생각하는 건강인의 각 측면의 건강상태를 5라고 가정한다. 즉 원점으로부터 5의 거리에 있는 각 꼭지점을 연결한 정오각형으로 건강인의 건강상태가 그려져 있다.

아내와 남편이 각각 건강인과 대비하여 결혼 직전과 현재 자신의 건강을 원점에서 5점 사이로 평가해서 오각형으로 그려보고 그 의미를 새겨보자.

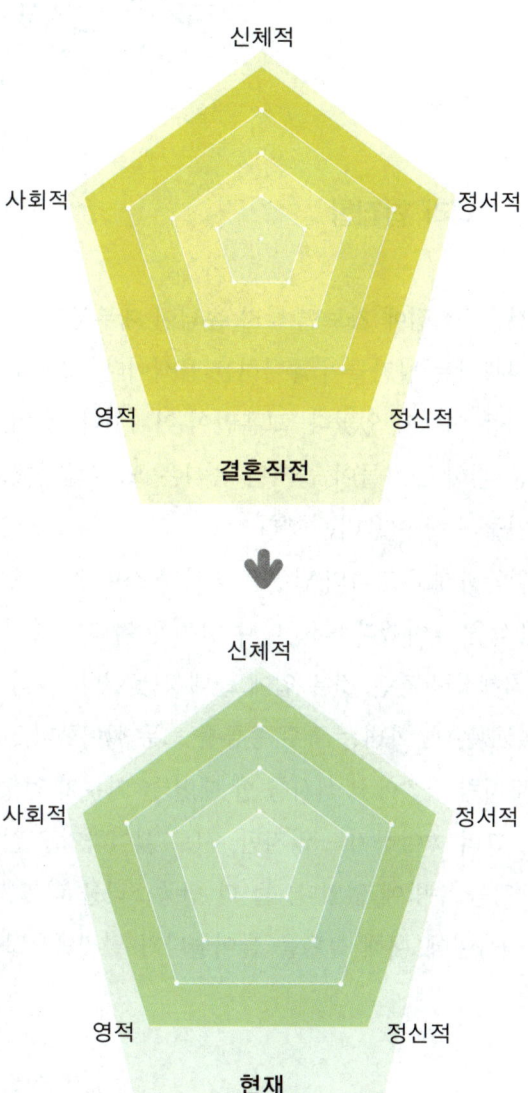

추어탕을 좋아하는 아내, 피자를 즐겨먹는 남편

▎교집합이 아니라 합집합

　추어탕 전문음식점에 가보면 남자 손님이 대부분이다. 그만큼 추어탕은 여자보다는 남자들이 좋아하는 음식이다. 그런데 유독 추어탕을 좋아하는 아내가 있었다. 그뿐만이 아니었다. 장어, 선지해장국, 곱창 등 흔히 남자들이 즐기는 음식은 모두 좋아했고, 그래서 더더욱 남자들과 잘 어울리곤 했다.
　그러나 희안하게도 그녀의 남편은 피자나 스파게티, 햄버거, 소시지 같은 음식을 좋아했다. 더군다나 남편은 아내가 좋아하는 추어탕이나 선지해장국 같은 것은 입에도 대지 못했다. 특히 남편은 칼국수를 좋아했는데, 아내는 국수 종류를 모두 싫어했다.
　이들은 모처럼 바깥에서 식사를 할 때면 늘 기분이 언짢아져 돌아오곤 했다. 그리 좋아하지도 않지만, 서로 싫어하지도 않는 어중간한 음식을 먹을 수밖에 없었다. 둘 다 만족스러울 리 없었고, 서로 상대방의 식습관에 대해 불평을 늘어놓다가 말싸움으로 이어지기 일쑤였다.

　이처럼 부부의 식습관은 서로 다르다. 그러나 자기가 좋아하는 음식만 고집하거나, 공통적인 것만 찾으려 들면 선택의 폭은 당연히 좁아지게 된다. 인간의 가장 큰 즐거움이기도 한 먹는 즐거움이 사라지고 마는 것이다.

남편은 추어탕의 맛을 배우고 아내는 칼국수의 맛을 배우면 어떨까. 부부간에 서로 좋은 식습관을 배우고 수용한다면, 부부가 되면서 식생활이 더 즐겁고 폭도 넓어지게 된다. 교집합이 아니라 합집합이 되는 것이다.

결혼 후에는 부부가 건강할 수 있도록 식사습관을 다시 정립하도록 하자. 합집합의 식생활은 각자의 건강도 증진시켜줄 것이다.

건강을 증진시키는 식습관

첫째, 결혼과 동시에 아침, 점심, 저녁을 거르지 않고 5~6시간 간격으로 꼭 먹도록 조정하자.

체중을 줄이기 위해 또는 출근시간에 쫓겨서 아침을 거르거나 끼니를 불규칙하게 적당히 때우는 사람이 많다. 하루 두 끼만 먹어야 건강하게 오래 산다며 이를 생활화하는 사람도 있다.

그러나 하루 세 끼 식사가 적당하다는 게 정설이다. 정양이나 수도를 하는 경우라면 모르겠지만, 일상 활동을 하려면 일정한 혈당치가 유지되어야 에너지가 충분히 공급되고, 그래야 활기차게 움직일 수 있다.

전업주부인 아내는 저녁을 먹지 않은 채 늦게까지 남편을 기다리는 경우가 많다. 기다렸다가 부부가 함께 식사한다는 것은 아름다운 일이고, 기분 좋게 식사하면 건강에도 좋다.

그러나 너무 오래 기다리면 배가 고프다 못해 나중에는 말할 기운도 없을 정도로 기운이 빠지기도 한다. 식사를 제때하지 않아 혈중의 당 농도가 낮아지면서 에너지를 발산하지 못해 나타나는 현상이다.

이런 경우에는 차라리 따로 식사를 하는 편이 낫다. 남편이 저녁 늦게 들어올 형편이라면 미리 전화로 알려 아내가 제시간에 저녁을 먹을 수 있도록 해야 한다. 이것은 아내에 대한 남편의 기본 예의다. 사정상 늘 귀가가 늦을 수밖에 없다면 배고프지 않을 만큼 가벼운 저녁을 먹고, 부부가 함께 늦은 식사를 하는 방법도 생각해볼 만하다.

두 음식문화의 만남

둘째, 하루에 30가지 이상의 식품을 골고루 섭취하도록 조정하자.

가정마다 좋아하는 음식이 다르고, 같은 재료라도 요리하는 방법이 다르다. 따라서 특별히 신경을 쓰지 않는 한, 늘 먹던 방법으로 음식을 하기 때문에 입맛이 고정되기 쉽다.

그러나 부부가 됨으로써 서로 다른 두 가정의 음식문화가 만나게 되므로, 상대방이 좋아하는 음식을 배우는 방법으로 서로의 차이를 지혜롭게 이용하면 다양하게 음식을 섭취할 수 있다.

신혼여행에서 돌아온 새신랑이 처갓집에 갔다. 사위가 오면 닭을 잡는다는 옛 풍습에 따라 장모님은 정성들여 삼계탕을 끓여주었다. 그러나 새신랑은 삼계탕을 입에도 대지 못했다. 새신랑은 어릴 적부터 삶은 닭을 먹지 않았던 것이다.

결혼하고 나면 대부분 남편이 좋아하는 음식 쪽으로 식습관이 굳어지기 쉬운데, 이 부부도 마찬가지였다. 아내는 자연히 삼계탕을 먹을 기회가 없었다. 그런데 이상하게도 남편은 닭튀김이나 닭갈비 같은 음식은 즐겨먹었다. 이유를 알고 보니 남편이 어릴 때 닭 잡는 광경을 목격한 적이 있는데, 목이 잘린 닭이 마당을 뛰어다니는 것을 보았다고 한다. 그 이후로 삼계탕을 보면 그때 일이 생각나 먹지 못했던 것이다.

이 사실을 안 아내는 꾀를 내어 삼계탕을 끓인 다음 고기를 잘게 다져 닭의 형체가 안 보이도록 해주었다. 덕분에 남편은 여름 보양식으로 삼계탕을 먹을 수 있었다.

이처럼 가려 먹는 음식은 특별한 사연이 있거나, 단지 보기에 징그럽다거나 하는 정신적인 이유가 많다. 체질적으로 맞지 않는 음식이 아니라면, 이런 경우 부부의 노력으로 얼마든지 극복이 가능하다.

남편이 좋아하는 음식을 아내도 즐겨먹으려고 노력한다면, 아내가 좋아하는 음식을 남편이 배워 가끔 직접 요리를 해준다면, 서로가 서로에게 얼마나 감동하겠는가. 체질도 개선되고, 행복하고, 건강에도 좋고, 사랑도 더 커질 것이 분명하다.

서로의 음식목록을 점검하자

셋째, 외식을 포함해 결혼 전에 즐겨먹던 음식 목록을 작성해보자. 이 가운데 결혼 후에도 즐겨먹는 음식에 ○표를 해둔다. 결혼 후 즐겨먹게 된 음식을 목록에 추가하고 ×표로 구분한다.

이제 부부가 각자의 목록을 대조해 공통되는 음식, 즉 상대의 목록에도 올라 있는 음식을 찾아 ○표는 ◎표로, ×표는 ※표로 수정한다. ◎표가 어느 쪽에 일방적으로 많다면, 그쪽이 식생활에 대한 영향력이 컸던 셈이다. 아무 표시가 없는 음식은 결혼 후에 잃은 음식이고 ×표와 ※표는 결혼 후에 얻은 음식인데, 득실이 어떤지 따져보라. 만일 ○표와 ×표가 많다면 결혼 후에도 서로 먹는 음식이 다르다는 것이므로, 그렇게 된 이유와 앞으로 어떻게 할 것인지 생각해보아야 한다.

○표와 ×는 서로 상대에게 권하고 아무 표시가 없는 음식은 되찾아, 부부가 함께 음식의 폭을 넓히도록 하자. 그래서 ◎표와 ※표로 꽉 차야 한다. 미지의 영역을 개척하는 데 좋은 안내자가 있으니 얼마나 좋은가?

물론 무턱대고 음식의 종류를 넓히는 것만이 능사는 아니다. 기름기를 삼가야 할 처지인 사람이 기름진 음식을 쫓아갈 필요는 없는 것이다. 앞으로 자신의 어떤 점을 고쳐나가는 게 자신에게도 좋고 상대방에게도 좋은지 생각해보자.

아내의 몸무게에 관심을 갖자

넷째, 과식하지 않도록 서로 도와주자. 식사에서의 균형은 영양소·식사 간격·섭취량 등 모든 부분에서 필요하다. 하루의 소요 열량에 못 미치는 소식(小食)이나 소화에 부담을 주는 과식(過食)은 모두 건강에 좋지 않다.

허기질 만큼 배가 고팠던 시절에는 많이 먹는 것이 중요했으나, 과잉섭취가 문제인 요즘은 덜 먹는 것이 훨씬 중요해졌다. 그런데 부부가 함께 식사를 하면 많이 먹기 쉽다. 부부는 서로 적당량의 음식을 섭취하고 있는지 평가해야 한다.

첫째, 매일 체중을 측정한다. 화장실에 다녀온 후 체중을 측정해야 식사량에 영향을 받지 않는다. 체중계를 눈에 띄는 일정한 장소에 두고 체중 재는 습관을 들이도록 한다.

신장에 비해 체중이 과다하면 체중을 줄이자. 정상이라면 일정하게 유지되도록 식사량을 적당하게 조절한다. 바람직한 체중은 키에서 100을 뺀 후 0.9를 곱한 수치다. 정상범위 체중은 바람직한 체중의 ±10%이고, 체중과다는 +10~20%, 비만은 +20% 이상이다.

둘째, 하루에 섭취한 음식의 열량을 계산해본다. 몸무게를 측정한 결과 식사의 양이나 종류를 조절할 필요가 있을 때는, 〈오늘의 식사 점검표〉에 제시된 내용을 참고로 전날 섭취한 음식의 양을 열량으로 산출한다. 먹은 음식들의 양을 조사하고, 음식마다의 열량을 모두 더해 총 섭취 열량을 계산한다. 총 섭취 열량을 〈1일 영양 권장량〉과 대조해본다. 이를 기초로 음식의 양과 종류를 조절한다.

오늘의 식사 점검표 (a:열량을 중심으로)

어육류군

열량단위:100kcal

식품	무게(g)	양(어림치)	오늘의 식사량	식품	무게(g)	양(어림치)	오늘의 식사량
쇠고기	80	로스용 2장 (12×10×0.3)		쇠곱창	53	4×16cm	
				햄	53	1쪽(10×6×1)	
소간	80	썰어서 6.8쪽		칠면조	53		
돼지고기	80	7×7×7cm		메추리알	53	中7개	
닭고기	80	小2토막		달걀	67	大1개, 1/4	
닭간	80			돼지발	67		
토끼고기	80			꽁치	67	小1토막 1/4	
개고기	80			민어	67	小1토막 1/4	
굴비	30	1토막		병어	67	小1토막 1/4	
뱅어포	30	2장		삼치	67	小1토막 1/4	
북어	30	1토막		이면수	67	小1토막 1/4	
건오징어채	30			연어	67	小1토막 1/4	
잔멸치	30	1/2컵		장어	67	小1토막 1/4	
가자미	100	小2토막		준치	67	小1토막 1/4	
고등어	100			청어	67	小1토막 1/4	
광어	100			갈치	67	小1토막 1/4	
동태	100			검정콩	27	2와 1/2큰술	
도미	100			두부	107	1/4모	
도루묵	100			순두부	267	1컵, 1/4모	
전갱이	100	2토막		치즈	30	1.5장	
참치	100			소갈비	30	小1토막	
복어	100			소꼬리	40		
조기	100	2토막		우설	40		
새우	100	2토막		런천미트	40		
조개(재치)	100	1과 1/5컵		프랑크소시지	40	5.5×4×1.8	
전복	100	2개(8.5×6)		참치통조림	40	1/3컵	
깐홍합	100	1/2컵		꽁치통조림	50	1/3컵	
꽃게	100	中1마리		고등어통조림	50	1/3컵	
물오징어	100	中2토막		뱀장어	50	1/3컵	
생굴	160	2/3컵		유부	20	긴유부 5장 주머니유부 10장	
낙지	160	2/3컵					
조갯살	160	2/3컵					

오늘의 식사 점검표 (b:열량을 중심으로)

🌾 곡류군

식품	무게(g)	양(어림치)	오늘의 식사량
백미	30	3큰술	
현미	30	3큰술	
율무	30	3큰술	
보리쌀	30	3큰술	
찹쌀	30	3큰술	
차수수	30	3큰술	
밀가루	30	5큰술	
마른국수	30	가는 것 63가닥	
녹말가루	30	5큰술	
보리 미숫가루	30	7큰술	
당면	30	삶아서 1/2컵	
팥	30	3큰술	
식빵	35	1쪽	
시루떡	50	1쪽	
인절미	50	4쪽	
흰떡	50	썬 것 13개	
옥수수	50	中1개	
밤	60	中6개	
쌀밥	70	1/3공기	
보리밥 (30%)	70	1/3공기	
고구마	70	中1/2개	
삶은국수	90	1/2공기	
토란	130	1컵	
감자	150	大1개	
도토리묵	200	1/2모	

지방군 열량단위:100kcal

식품	무게(g)	양(어림치)	오늘의 식사량
들기름	11	2작은술	
참기름	11	2작은술	
식용유	11	2작은술	
마가린	13	3작은술	
버터	13	3작은술	
마요네즈	13	3작은술	
베이컨	16	2조각	
땅콩버터	16		
참깨	18	2큰술	
잣	18	2큰술	
호두	18	大2개	
땅콩	22	2큰술	

🥛 우유군

식품	무게(g)	량(어림치)	오늘의 식사량
우유	160	4/5컵	
무가당두유	160	4/5컵	
무당연유	80	2/5컵	
전지분유	20	4큰술	
조제분유	20	4큰술	
탈지분유 (+1지방교환)	20	4큰술	
탈지분유 (+1.5지방교환)	160	4/5컵	

오늘의 식사 점검표 (C:비타민과 무기질을 중심으로)

비타민

비타민	식품	오늘의 섭취량
비타민 A	당근 호박 달걀노른자 버터 우유 치즈 간	
비타민 B1	통밀가루 콩과식물 달걀 생선	
비타민 B2	우유 간	
니아신	땅콩, 콩	
비타민 B6	간 달걀노른자	
엽산 비타민 B12	간	
비타민 C	감 귤 토마토	
비타민 D	생선기름 우유	

무기질

무기질	식품	오늘의 섭취량
비타민 E	녹색잎채소 견과류	
비타민 K	잎채소	
칼슘	우유제품 녹색잎채소	
인산	우유 달걀	
마그네슘	우유 육류 견과류 녹색잎채소	
요오드	해산물	
나트륨	소금 채소 우유 육류	
칼륨	육류 채소 오렌지 바나나	
철	굴 살구	

자신감을 가지고 천천히

다섯째, 소화에 대한 자신감을 가지고 즐거운 마음으로 천천히 식사하는 분위기를 만든다. 우리 몸의 대부분 기능은 뇌의 명령에 따라 움직이는데, 뇌가 소화기에게 '소화는 자신 있어.'라고 하면, 위는 자신 있게 소화시킨다. 또한 즐겁게 식사하면 위가 긴장하지 않고 자연스럽게 연동운동을 한다.

부부가 사랑하면 식사를 함께하는 것만도 즐거워 소화가 잘된다. 따라서 혹시 부부가 다툴 일이 있어도 밥상 앞에서는 삼가야 한다. 불가피하게 부부싸움을 해야 한다면 식사가 끝난 7시간 후에 하자. 말다툼은 소화를 방해할 뿐 아니라 소화기계의 질병을 유발한다.

뚱뚱한 사람은 식사를 천천히 해야 한다. 그러면 식사 도중 혈당농도가 상승되면서 식욕이 감퇴해 식사량을 조절할 수 있다. 소화기계 기능이 약한 사람도 식사를 천천히 하는 게 좋다.

성인의 1인 영양권장량

연령	성별	열량(kcal)	탄수화물(g)	단백질(g)	지방(g)
20~49	남	2500	406	94	56
	여	2000	325	75	44
50~64	남	2200	358	83	49
	여	1900	309	71	42
65세 이상	남	1900	309	71	42
	여	1600	260	60	36

> 규칙적인 배설습관은
> 성감을 높인다

배변은 규칙적으로 하자

배설은 매일 아침에 하도록 습관을 들이자.

아침이든 저녁이든 배설은 하루에 한 번 하면 되는데, 저녁에 할 경우 잊어버릴 수 있기 때문이다. 아침식사 전이나 후에 자연스럽게 변의가 생겨 항문근육의 집단 수축과 복압에 의해 시원하게 배변하고, 쾌감을 느끼는 것이 건강에 좋다.

변비가 있으면 섬유질 음식을 많이 먹고, 아침에 일어나자마자 빈속에 찬물을 한 컵 이상 마시자. 그리고 운동하고, 같은 시간에 배변하도록 하자.

항문 주위 근육의 운동을 꾸준히 하자

나이가 들면 모든 근육의 탄력이 줄어든다. 항문 주위 근육도 마찬가지다. 항문 주위의 근육이 늘어지면 실금을 하게 되어 냄새가 난다. 이는 항문 주위 근육을 운동하면 예방할 수 있다.

이 운동은 대변과 소변을 참았다 누었다 하듯이 항문 주위의 근육을 수축하고 이완하는 것이다. 잠자리에서 일어나기 전에, 화장실에서, 버스나 지하철을 타고 가면서, 관심만 있으면 어디서나 쉽게 할 수 있다. 나이가 많아지면 하루에 100번 이상 해야 한다. 젊었을 때부터 하면 더욱 좋다.

  이 운동을 하면 항문 주위 근육을 탄력 있게 만들어 대변과 소변을 습관화시키는 데 도움이 된다. 연령이 높아지면 나타나기 쉬운, 소변을 참을 수 없는 현상을 예방할 수 있다.

  이 운동은 성교에도 도움이 되기 때문에, 부부 사이에 특히 유념해야 하는 운동이다. 특히 여자의 경우 요도와 직장 사이에 질이 있으므로, 요도와 항문 주위의 근육을 운동하다보면 질 근육도 탄력이 생겨 성교시 근육 수축이 용이해진다. 남자도 사정시에 근육 수축이 강해져 남녀 모두의 성감에 도움이 된다.

코 고는 남편, 이 가는 아내

잠버릇 고집하면 상대는 피곤하다

부부들의 잠버릇을 들어보면 재밌는 경우가 많다.

남편은 심하게 코를 골고, 아내는 이를 가는 부부가 있었다. 부부는 각자 자신의 잠버릇은 모른 채 서로 상대의 고약한 잠버릇 때문에 잠을 설친다고 주장했다. 두 사람은 서로 우기다가, 어느 날 자는 모습을 비디오카메라로 찍어보기로 했다.

다음날 비디오테이프를 돌려 보던 부부는 이제까지 몰랐던 자신의 잠버릇에 충격을 받았다. 부부가 합심해 해결방법을 고민한 결과 남편은 이비인후과에서 검진을 받고, 아내는 마우스피스로 치료를 대신했다. 두 사람 모두 혼자 살았다면 건강에 치명적인 영향을 미쳤을 버릇을 고친 것이다.

서로의 수면습관에 익숙해지자

결혼생활은 수면에 긍정적인 영향과 부정적인 영향을 모두 줄 수 있다. 서로에게 안정감을 주어 숙면하게 하고 나쁜 잠버릇을 고쳐

줄 수 있는 반면 동침, 출산 등의 새로운 취침환경에 적응해야 하는 번거로움이 있다.

사람마다 취침시간, 기상시간, 수면시간 등이 서로 다르다. 그러나 결혼을 하면 부부가 함께 자야 하기 때문에 결혼 전의 수면 습관을 서로 좋은 방향으로 조정해야 한다. 그런데 이 과정이 서로를 피곤하게 할 수 있고, 어떤 부부는 싸우기까지 한다.

부부는 배우자의 수면습관에도 익숙해져야 한다. 이 과정에서 여러 가지 문제가 생길 수 있다. 돌아다니며 자는 사람이 있고, 코를 골거나 이를 가는 사람도 있다. 이불을 덮지 않는 사람이 있는가 하면, 여름에도 이불을 덮어야 자는 사람이 있다. 이처럼 습관이 다르기 때문에 수면 환경과 습관이 맞지 않아 잠을 설치기도 한다.

사랑은 상대방에 대한 배려다. 서로 좋아하고 사랑하는 마음으로 불편함을 잊거나 참으면 몇 주만 지나도 새로운 수면환경에 적응하게 된다. 잠자리의 포근함이 숙면을 도와줄 것이다.

어떤 부부는 신혼 초부터 각방을 쓰기도 한다. 일반적으로는 자연스럽지 않은 일이나, 부부 모두 직업이 있거나 집에서 일하는 직업을 가진 경우에는 서로의 필요에 따라 그럴 수도 있을 것이다. 중요한 것은 부부가 마음을 합해 편안한 잠자리와 건강한 수면을 확보하는 일이다.

수면조건의 변화에 적응하자

살다보면 수면 행태에 불편을 주는 변화가 자주 있다. 부인이 임신을 하거나, 아기가 울거나, 나이가 들어 수면양상이 바뀌는 경우가 그렇다. 수면을 방해하는 요소들을 제거하기 힘든 불가피한 일도 있을 것이다. 이럴 때는 부부가 함께 노력해 새로운 수면환경에 적응해야 한다.

나이가 들면 늘 함께 자던 부부가 새삼스럽게 불편해지기도 한다. 이 경우도 미리 변화가 올 수 있다는 점을 알고, 부부가 함께 대처하며 자연스럽게 수용하면 되는 일이다.

부부가 함께하는 운동과 레크리에이션

▌부부가 함께 운동을 하자

남편들은 운동이나 레크리에이션에 적극적이다. 그에 반해 아내들은 운동을 싫어한다며 집에만 있거나, 동창들 만나 맛있는 음식 먹고 영화 보는 것을 유일한 취미생활로 삼는 경우가 많다. 각자의 운동과 레크리에이션 영역을 따로 즐기는 부부도 있다. 그러나 부부는 함께 즐기는 영역을 넓히는 것이 가장 바람직하다.

취미가 전혀 다르거나, 여러 가지 사정으로 여가를 함께 즐기지 못하는 부부도 있다. 이러한 경우에도 적어도 한두 가지는 함께 즐길 수 있는 것을 개발하는 게 좋다.

운동 프로그램에는 시간이 소요된다. 부부가 함께할 운동을 선택할 때는 일상생활과 쉽게 조화되는 운동 프로그램을 개발해야 가벼운 마음으로 수시로 운동을 하게 된다.

대개 처음에는 너무 열정적이어서 현실적으로 수용하기 어려운 계획을 세우고, 결국 실천하지 못하는 경우가 많다. 작은 성공을 쌓아가는 것이 커다란 한 번의 실패보다 낫다는 것을 염두에 두고, 다음 사항을 신중히 고려하도록 하자.

① 집안이나 집 근처에서 할 수 있어야 한다.
② 프로그램과 장비에 드는 비용이 저렴해야 한다.
③ 일상생활에서 크게 벗어나지 않고서도 할 수 있어야 한다.

부부가 함께 쉽게 할 수 있으며 건강증진에도 효과적인 운동으로 달리기를 권하고 싶다. 하루 걸러 한 번(일주일에 3~4번) 정도 인근 학교 운동장으로 가자. 그리고 한번에 20~30분 정도, 심장박동이 목표박동수에 도달하거나 평소의 배가 될 정도로 달리기를 해보자. 달리기 전후에 맨손체조를 하면 더욱 좋다. 전기밥솥을 켜놓고 부부가 함께 다녀올 수도 있을 뿐만 아니라 어떤 운동보다 효과적이다.

혼자서라도 운동을 하자

부부가 함께할 수 없다면 따로따로라도 운동을 해야 한다. 여자끼리 만나는 경우에도 운동이 되는 레크리에이션을 하는 것이 바람직하다. 전업주부라면 남편이 출근하고 아이들이 학교 간 후에 일주일에 3번 이상 30분 정도 에어로빅, 수영, 달리기, 줄넘기 등을 지루하지 않도록 계획해 실천한다.

남편도 출근길이나 퇴근길에 하루 걸러 한 번씩 약 30분 정도 탁구 · 정구 · 수영 · 달리기 · 줄넘기 · 골프 등을 그날의 상황에 따라 선택해 즐기도록 한다.

정말 바빠서 따로 시간을 낼 수 없다면, 직장을 1~2km 남겨놓은

지점에서 차에서 내려 목적지까지 빠르게 걸으면 좋은 운동이 된다. 엘리베이터를 타지 않고 계단을 뛰어 올라가는 것도 해볼 만한 운동일 것이다.

▎부부의 목표 심박동수를 알아보자

 운동을 위해 목표 심박동수를 계산해두자. 부부가 함께 운동한 후 즉시 상대방의 맥박을 재고, 목표 심박동수와 비교해보라. 미달되었으면 운동의 강도를 높이는 방안을, 초과했으면 낮추는 방안을 함께 연구해보라.

① 최대안전박동수 : 220에서 당신의 연령을 뺀다.
 남편 : 220 - (연령) =
 아내 : 220 - (연령) =
② 안정 심박동수 : 15분간 조용히 의자에 앉은 후 평상시 맥박을 잰다.
 남편 :
 아내 :
③ 목표 심박동수(하한) : 최대안전박동수(①의 결과)의 60%를 계산하여 안정 심박동수(②)를 더한다.
 남편 : ( ) × 0.6 + ( ) =
 아내 : ( ) × 0.6 + ( ) =
④ 목표 심박동수(상한) : 최대안전박동수(①의 결과)의 80%를 계산

하여 안정 심박동수(②)를 더한다.

남편 : ( ) × 0.8 + ( ) =

아내 : ( ) × 0.8 + ( ) =

⑤ 목표 심박동수(하한~상한) : ③과 ④의 결과를 정리한다.

남편 : ( ) ~ ( )

아내 : ( ) ~ ( )

예) 50세 여자로 평상시 맥박이 70인 경우

    최대 안전 박동수 220 − 50(세) = 170

    안정 심박동수 170 − 70 = 100

    목표 맥박수(하한) 100 × 0.6 + 70 = 130

    목표 맥박수(상한) 100 × 0.8 + 70 = 150

부부가 합심하여 담배 끊는 법

▌금연의 고통을 같이하자

몸에 좋지 않은 음식을 절제하고 신체적·정신적으로 건강한 생활을 추구하는 웰빙족마저도 이것만은 끊기 어렵다고 한다. 바로 담배다. 담배 끊은 사람들과는 사귀지도 말라는 우스갯소리가 있을 정도로, 애연가들에게 담배는 절대적이다.

담배는 만병의 근원이라고 할 만큼 흡연하는 본인에게 해롭지만, 그 연기 때문에 함께 있는 사람에게도 나쁜 영향을 미친다. 흡연하는 배우자를 가진 사람은 폐암 및 심장병 발생률이 월등히 높고, 부모가 흡연하는 가정의 어린이의 천식 및 중이염 발병률 또한 매우 높은 것으로 보고되고 있다. 이러한 간접 흡연의 폐해는 특히 임신과 태아에 미치는 영향을 고려하면 여성에게 더욱 심각하다.

금연은 쉬운 일이 아니다. 흡연으로 인한 병으로 죽어가는 수많은 사람들의 고통에 비하면, 그리 어려운 일도 아니다. 최근 흡연의 심각성을 깨닫고 금연에 성공하는 사람들이 늘고 있다.

부부가 함께 금연을 시도해보자. 그렇다고 배우자에게 무작정 금연을 강조해서는 역효과가 난다. 부부가 금연의 고통을 함께하면서 부단히 노력해야 한다. 그럼 금연에 이르는 방법을 알아보자.

금연하기 전, 이유를 모두 적어 붙여두라

① 금연해야 하는 이유를 모두 적어보라. 이 목록을 잘 보이는 곳에 붙여두고 하루에도 몇 번씩 그 이유를 스스로에게 인식시키라.
② 긍정적으로 사고하라. 할 수 있다는 자신감을 가진다면 좋은 결과를 얻을 수 있을 것이다.
③ 당신의 흡연습관에 대해 기록하라. 이틀 동안 담배를 피운 시간과 상황, 매번 피울 때마다 몇 개비나 더 피우고 싶은지도 기록하라.
④ 금연 일을 정하고, 지키려고 애쓰라.
⑤ 다른 사람들을 관여시켜라. 그들은 금연하려는 당신에게 도움이 되는 정보를 줄 수 있으며, 격려를 해줄망정 실패했다는 이유로 비웃지는 않을 것이다.
⑥ 규칙적인 신체활동을 시작하라. 달리기 · 수영 · 에어로빅 · 체조 · 자전거 타기 등과 같이 산소를 소비하는 운동은 심장을 강하게 하고 금연을 돕는 아주 좋은 방법이다.
⑦ 담배의 종류를 바꿔보라.
⑧ 의사와 상의하라. 의사는 도움이 될 만한 특별한 정보를 제공해 줄 것이다.

처음 며칠간, 뱀의 유혹에 넘어가지 말라

① 주위의 모든 담배를 치워버려라.
② 금단 증상에 대해 알고 있어야 한다. 금연시 발생하는 신체적 금단 증상은 하루이틀 정도 지속되는 것이 보통이나, 심한 경우 3일 이상 계속되기도 한다. 그러나 40~50% 정도는 금단 증상을 전혀 경험하지 않는다.
③ 유혹으로부터 주의를 환기시키라. 담배를 피우고 싶을 때 두세 번 심호흡을 하거나, 다른 사람과 대화를 하거나, 빨리 걷는 등의 방법을 이용하라.
④ 비흡연자와 가까워지라.
⑤ 음주량을 줄여라. 술을 마시면 담배 생각이 더욱 간절해진다는 사람이 많다. 금연을 시작한 직후에는 술도 입에 대지 않는 것이 현명하다.
⑥ 과식을 주의하라. 금연 후 식욕이 왕성해지는 경향이 있다. 당근이나 오이 등을 손에 들고 다니면 도움이 된다.

첫 고비를 넘긴 후, 자신과의 싸움이다

① 그동안 어려운 고비를 참고 금연한 데 대해 자긍심을 가지라.
② 스스로의 능력을 믿고, 앞으로도 금연할 수 있다는 자신감을 가지라.
③ 혹 담배 생각이 나거든 지금까지 어떻게 참고 견뎠는가를 생각하라. 일단 담배를 물게 되면 그동안 참아온 날짜에 아랑곳없이 금세 이전의 흡연 수준으로 되돌아가고 만다는 것을 상기하라.
④ 술자리를 되도록 피하라. 불가피한 경우, 이 고비를 못 넘기면 헛일임을 생각하고 미리 마음을 다지라. 이 고비를 넘기면 그만큼 자신감이 커질 것이다. 금연은 자신과의 싸움인 것이다.

곰 쓸개, 정말 정력에 좋을까?

▌부부가 함께하는 음주 조절법

부부가 기분에 따라 술 한 잔씩 주고받는다고 나쁠 것은 없다. 그러나 알코올 중독자처럼 술을 마신다면 문제다. 부부 사이가 좋으면서도 남편의 술버릇 때문에 어쩔 수 없이 이혼하는 부부도 있다.

음주는 유전적 소인이 강하다고 한다. 술을 한 잔씩만 마셔도 알코올 중독에 걸려, 술을 계속 먹지 않으면 몹시 고통스러워하는 체질인 사람도 있다. 이런 경우 자신의 체질을 잘 파악해 더욱 조심해야 한다. 절주나 금주 역시 금연과 마찬가지로 자기 의지와의 싸움이지만, 부부가 합심하면 훨씬 쉬울 것이다. 평소 부부가 함께 실천하면 좋을 절주 요령을 소개한다.

① 술 마시는 그 자체를 목적으로 하지 말고, 활동을 위한 방법으로 사용하라.
② 술을 마실 횟수를 미리 정하라.
③ 술에 대한 당신의 한계를 알아라.
④ 금주하는 사람을 존경하라.
⑤ 모임에서 다양한 음료를 제공하라.

⑥ 술 마시기 전과 마실 때 음식을 섭취하라.
⑦ 너무 많이 마셔 스스로를 가누지 못하는 불쾌한 사람을 보면서 스스로를 경계하라.
⑧ 남의 잔을 채우려고 고집하지 말라.
⑨ 운전할 상황이 아니라면 친구 집에 머무르거나 대중 교통편을 이용하고, 타인에게도 그렇게 하도록 권하자.
⑩ 술을 마시지 않을 사람을 운전사로 정하라. 다음번 모임에서 당신이 그 사람이 되라.
⑪ 의료인의 처방이 아니라면 술을 다른 약물과 함께 복용하지 말라.
⑫ 술안주로 짠 음식을 먹지 말라. 염분은 알코올 섭취를 증가시킨다.
⑬ 술을 약물로 취급하라. 다른 약물과 마찬가지로 부적당한 사용을 금하고 부작용에 대해 알고 있자.
⑭ 술 마신 후 간이 쉴 수 있도록 적어도 3일간은 술을 마시지 말자.

약도 함부로 쓰면 독이다

약은 독이다. 부작용 없는 약은 없다. 약은 병에 걸렸을 때 그 병을 치료하기 위해 부작용을 감수하고 먹는 것이다. 그러므로 약은 아플 때가 아니면 먹지 않도록 한다.

많은 부부들이 배우자의 건강을 위해 약을 권하지만, 약을 먹을 때는 반드시 의사나 약사와 의논해야 한다. 그렇지 않으면 차라리 안 먹는 것만 못하다. 최근 건강식품이 난무하고 있는데 이 역시 함부로 먹어서는 안 된다.

보약도 의사의 권고나 처방이 없는 한 따로 찾지 말라. 바로 세 끼 식사가 보약이다. 30가지 이상의 식품을 골고루, 규칙적으로 하루 세 번 먹는다면 건강식품이 필요없다.

더구나 몸에 좋다고 희귀한 것을 찾아 먹는 사람들도 있는데, 대부분 몸에 해롭다. 곰쓸개, 곰 발바닥, 곰의 간, 뱀, 이상한 곤충 등 인간이 평소 먹지 않는 것을 먹으면 우리 몸에서는 방어작용이 일어난다. 만일 방어를 못하면 병이 나거나 죽는다.

해외관광에서 이상한 음식을 먹은 사람들 중에는 어떻게 손쓸 방법이 없는 병으로 죽음에 이르는 경우도 있다. 사람의 몸에 익숙하지 않은 벌레가 몸 안에 들어와 죽지 않는다면, 일정한 행로도 없이 몸속을 제멋대로 헤집고 다니지 않겠는가?

이러한 식품이나 약들은 이른바 정력에 좋다는 것들이다. 남성의 성능력을 강하게 하여 아내를 기쁘게 해준다는 이유로, 비싼 돈을 주고 사먹는다. 그중에는 단백질 식품으로, 체력을 보강해줌으로써 일정한 효과를 나타내는 경우도 있을 것이다.

그러나 전체적인 건강의 뒷받침 없이 일시적으로 정력에 의존해 성적 쾌락을 추구하다보면, 몸을 급격히 망치게 된다. 무엇이든 균형을 맞추지 않으면 부작용이 따르게 마련인 것이다.

따라서 남편이나 아내에게 약을 권하기보다는 맛있는 음식을 즐겁게 먹으며 상대방을 기쁘게 해주는 것이 건강에 더 효과적이다. 건강의 비결은 먼 데 있는 것이 아니라 가까이 있다. 일상생활에서의 작은 지혜가 중요한 것이다.

■ 둘째딸이 말하는 엄마와 나의 결혼이야기 ❷

나의 결혼생활

■■ 평등부부를 꿈꾸다

　　남편과 나는 유학생 부부로 신혼생활을 시작했다. 우리 부부는 학교에서 연구조교로 학비와 생활비를 벌면서 공부했다. 남편도 나도 결혼에 대한 준비가 별로 없었기 때문인지, 기본적인 생활에서부터 서로 충돌하기 시작했다.
　　한국에서 결혼생활을 시작했다면, 가사도우미를 부른다거나 시장에서 사다먹을 수도 있었겠지만, 미국에선 거의 모든 것을 스스로 해결해야 했다. 자장면이든 족발이든 먹고 싶으면 집에서 만들어 먹어야 하는 그런 곳이었다.
　　내가 아는 결혼 전의 남편은 가사노동을 나보다 더 잘하는 남자였다. 남편은 같은 과 선배 둘과 한집에서 살았는데 식사준비, 설거지, 청소를 분담해 한다고 했다. 매주 토요일 오전은 대청소를 하는 날이었고, 유학생들 사이에 "그 집 남자들은 결혼한 가정보다 더 잘해먹고 산다."는 소문까지 날 정도였다. 남편은 요리에도 감각이 있었고, 선배들과 가사노동을 분담한다는 사실을 자랑스럽게 이야기하곤 했다.

그러나 결혼 후 남편이 가사일을 도와주기는 했지만, 책임은 내 몫이었다. 학교공부와 연구조교일, 가사일과 유학생 아내로서의 역할까지 정말 감당하기 힘들었다. 대학시절 결혼에 대해 유일하게 고민했던 부분이 평등한 부부관계, 평등한 가사분담이었는데 나의 현실은 그렇지 못했다.

■■ 밥 먹듯 다투다

"절대로 싸우지 마라."

우리 부부가 결코 실천할 수 없는 엄마의 말씀이었다. 우리는 서로에 대한 기대치가 달라 계속 엇나가고 있었다.

남편과의 다툼 때문에 내 생활 전체가 피곤하고 무력해졌다. 결혼 전 엄마가 해주신 말씀과는 반대로, 우리는 밥 먹듯이 다퉜다. 도대체 뭣 때문에 싸웠는지 기억도 나지 않을 만큼 많이.

다툼이 잦아지자 나는 부부싸움일지를 쓰기 시작했다. 처음에는 그냥 속상한 마음을 푸는 식이었다가 나중에는 부부싸움한 날을 달력에 표시하고, 싸움의 주제와 원인을 분석해 기록했다.

EXTRA MESSAGE
동네엄마가 말하는 엄마와 나의 결혼이야기 ②

원인을 알아야 예방할 수 있다는 믿음과 내 나름대로 부부관계에 대해 노력해야겠다는 생각으로 거의 1년간 일지를 작성했다.

신혼은 깨가 쏟아진다는데, 나의 부부싸움일지에는 ×투성이였고, 시간이 지나도 별로 나아지는 것 같지 않았다. 그러나 그것을 통해 내가 우리 부부관계를 한 발짝 떨어져서 돌아볼 수 있었던 것 같다.

■ ■ ■ 왜 우리는 안 될까

잦은 다툼 속에서 나는 그 원인을 대화로 풀려고 했고, 남편은 그냥 묻어두길 원했다. 나는 그날 있었던 일은 그날 대화로 풀어야 한다고 굳게 믿는 사람이었고, 남편은 지난 일을 구태여 다시 끄집어내서 이야기할 필요가 없다는 사람이었다.

싸우면 그날 해결해야만 하는 나와, 며칠씩 고민하며 냉각기를 가진 후 풀려는 남편. 행복한 부부는 대화를 열심히 해야 하는데, 우리 부부는 왜 이게 안 될까 싶었다.

결혼 전 내가 부모님을 보면서 배운 부부간의 대화를 우리 부부 사이에서 실천하는 일은 정말 힘든 것이었다. 우리만의 대화법을 찾기까지 정말 많은 시행착오와 다툼을 겪었다. 결혼생활 1년 동안, 의견충돌과 다툼이라는 비싼 대가를 치렀지만, 한편

으론 이 기간이 서로에 대해 모르고 있던 부분을 알 수 있는 기회가 되었다.

■ ■ 나는 대화, 그에겐 잔소리

내 남편은 지금도 내가 우리 엄마가 아빠에게 하듯이 하루에 있었던 일을 물어보는 것을 '잔소리'라고 생각한다. 나는 그이를 조금이라도 더 배려해주고 싶어 이것저것 물어보는 것인데……. 오히려 내가 가만있으면 남편이 스스로 이런저런 이야기들을 풀어놓는다. 그때 나는 주로 듣는 입장이다. 남편과 내가 즐겨 이야기하는 몇 가지 주제가 있다. 서로 즐겁게 이야기하고 싶어하는 주제를 찾는 것도 정말 많은 시행착오를 거쳤다.

나의 부모님은 주말부부 생활을 꽤 오래하셨는데, 매일 밤 두 분이 꼭 통화를 하신다. 할 이야기가 없으면 "잘 자!"라는 말이라도 하기 위해서. 반면 우리 부부는 밤마다 통화하지는 않는다. 그냥 생각날 때 한다. 하루에 세 번도 좋고, 바쁘면 안할 때도 있다. 예전 같으면 불안해했을 텐데, 지금은 전혀 그렇지 않다. 이것이 우리가 만들어온 방식이다.

■■ 넘어야 할, 그러나 넘지 못하는 부담

결혼 7년차.

신혼시절을 거의 매일 다투면서 지낸 나와 남편이 벌써 결혼 7년차에 접어들었다. 결혼하고 1년이 지나자 우리 부부가 다투는 횟수는 정말 눈에 띄게 줄었다.

그 과정에서 남편이 몇 번의 어려운 일을 겪었고, 함께 극복해가면서 서로간의 신뢰가 돈독해졌던 것 같다. 그리고 남편은 군대문제로 먼저 귀국했고, 나는 1년 반을 그곳에 남아 학위과정을 마쳤다. 지금 우리는 여전히 주말부부로 살고 있다. 요즘은 얼마나 자주 다투느냐고? 다툰 지가 언제인지도 기억나지 않는다.

길지도 짧지도 않은 나의 결혼생활을 되짚어보면, 부모님이 평소 보여주셨던 부부의 모습이 내 결혼생활에 도움이 되었다. 하지만 한편으로는 내가 넘어야 할, 그러나 넘지 못하는 부담으로 느껴지기도 했다.

나는 결혼을 내 인생의 중요한 부분이 아니라는 오만함에서 시작한 것 같다. 부모님이 보여주신 그대로, 부모님께 배운 그대로 별 노력 없이도 그렇게 살 것이라고 생각했다. 내가 이상적으로 생각하는 부부의 모습이었으니까. 그리고 나는 내 생애 동안 그 방식을 보고 배워왔으니까.

그래서 남편과의 관계가 엄마가 이야기해주던 방향으로, 부모님이 보여주신 모습으로 진행되지 않아 좌절감도 느꼈고, 알게 모르게 남편에게 우리 부모님이 살아온 방식이 이상적인 부부관계이고 결혼생활이니 그대로 따라줄 것을 강요했는지도 모른다.

결국 내가 남편이 살아온 방식을 제대로 존중하지 못했다는 생각이 든다. 서로가 살아온 과정을 잘 알지 못했고, 서로의 가족문화에 대한 이해도 부족했던 것 같다.

■■ 드디어 남편을 이해하다

결혼생활을 하면서 시댁식구들과 어울릴 기회가 많았는데 나는 여러 번 깜짝깜짝 놀랐다. 그리고 나에 대한 남편의 기대가 어떠했을지 알 수 있었다. 결혼 3년차 되던 여름방학 때, 시누님 댁에서 우리 부부가 하룻밤을 지낸 적이 있었다.

자고 일어나 보니 시누님이 따뜻한 국에 아침상을 다 차려놓고 출근준비를 하셨다. 내가 죄송해하니까, 괜찮으니 마음 편하게 먹으라고 하셨다. 그런데 한참 화장하던 시누님이 갑자기 간이 진공청소기를 집어들고 집안청소를 하시는 게 아닌가.

"신경쓰지 말고 밥 먹어요. 어제 청소를 못해서 오늘은 꼭 하려구." 하며 걸레질까지 하셨다. 그리고 얼른 커피를 타서 우리에게 한 잔씩 주고는 본인도 드시는 것이었다.

내가 꾸물꾸물 설거지를 하니까, 부엌정리까지 다 끝내고 출근하셨다. 정말 신선한 충격이었다. 아, 이렇게 사는 사람도 있구나, 남편은 내게 이 모습을 기대했겠구나 싶었다. 그동안 남편이 했던 이야기들이 이해가 갔다.

■■ 상대에 대한 인정과 존중

결혼 초 많은 다툼 속에서 우리 부부는 서로에 대한 이해를 넓혔고, 결혼생활을 위한 많은 노력을 해왔다. 비록 내가 이상적으로 생각했던 우리 부모님의 결혼생활과는 다른 모습이지만, 이제는 재미있고 행복한 결혼생활을 하고 있다.

수많은 다툼으로 보냈던 지루하고 재미없는 1년간의 결혼생활을 서로가 서로를 이해하려는 노력으로 바꿀 수 있었기에 가능했다. 상대를 그대로 받아들이려는 노력, 상대에 대한 인정과 존중, 서로에 대한 책임이 부부라는 특이한 관계를 만들어가는 힘이 아닌가 하는 생각이 든다.

>>> 정서건강　　　　　　　　　　3장

사랑이 건강이다

사랑은 베푼 만큼 돌아온다
없던 사랑도 샘솟는 애정표현
편안하니까 부스스해져도 된다?
언제나 신혼기분을 느끼려면?
이런 남편 저런 아내, 나는 어떤 유형?

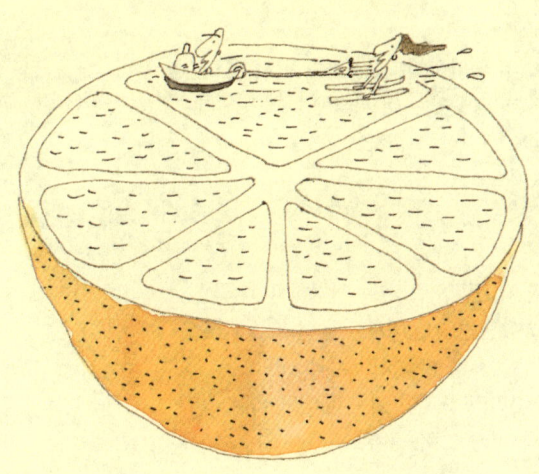

세상에서 그 무엇과도 바꿀 수 없는 것은
젊었을 때 결혼해서 함께 살아온 늙은 아내다.
−탈무드

사랑에는 한 가지 법칙밖에 없다.
그것은 사랑하는 사람을 행복하게 해주는 일이다.
−스탕달

타인이 좋아할 아내(남편)를 얻지 말고,
자기 취향에 맞는 아내(남편)를 맞이하라.
−루소

부부가 진정으로 서로 사랑하고 있으면
칼날 폭만큼의 침대서도 잠잘 수 있지만,
서로 반목하기 시작하면
10미터나 폭이 넓은 침대도 좁다.
−탈무드

> 사랑은
> 베푼 만큼 돌아온다

▌사랑받지 못하는 것

It's awful not to be loved, it's the worst thing in the world.
(사랑받지 못한다는 것은 이 세상에서 가장 괴로운 것이다. -「에덴의 동쪽」 중에서)

이 세상에서 가장 괴로운 것이라고 표현할 만큼 사랑받지 못하는 것이 고통스러운 것일까? 흔히 결혼을 하고 아이들을 낳아 기르다 보면 부부 사이의 사랑은 소홀해지기 쉽다.

결혼 10년차의 아내도 남편이 예전과 달리 자신에게 관심이 없다고 느끼게 되었다. 부부 사이의 대화는 줄어들고 남편은 퇴근 후 텔레비전 앞에, 아내는 부엌에서 따로 보내는 시간이 늘어났다. 부부 간의 성관계 횟수도 줄어들고, 어쩌다 성관계를 갖더라도 시들해져 만족할 수 없었다.

이런 일이 반복되자 점점 아내는 불안해지기 시작했다. 사랑받지 못한다고 느낀 아내는 자신의 당당한 권리를 빼앗긴 양 화가 났다. 처녀 시절 꿈을 접고 남편만 믿고 집안일이나 하는 자신이 처량해 보였다. 게다가 남편이 술 마시고 늦는 날에는 다른 여자들과 함께 있는 것은 아닐까 초조해졌다. 급기야 아내는 남편의 모든 행동에 신경질적인 반응을 보였고, 사사건건 잔소리를 하게 되었다. 늦는 날엔 어디서 무엇을 했는지 꼬치꼬치 캐묻곤 했다.

남편 입장에서는 아내가 왜 갑자기 이전과는 다른 정신병적인 증상을 나타내는지 이해할 수 없었다. 아내가 따지고 들수록 남편은 도망가고만 싶었다. 결국 부부 사이엔 냉기가 감돌았고, 더욱더 대화가 단절되었다. 아내는 더 불안해졌고 마침내 불면증에 시달리게 되었다.

이 경우 어떤 구체적인 사건이나 이유 때문에 갈등이 생긴 것은 아니다. 단지 아내가 사랑받지 못한다는 느낌을 받았을 뿐이다. 그런데 단순한 그 느낌이 부부를 불행하게 만들고 말았다.

정서건강은 마음의 즐거움

건강의 다섯 측면 가운데 두번째인 정서건강은 마음의 즐거움을 말한다. 마음이 고요한 가운데 희열을 느낀다면 정서적으로 아주 건강하다. '일소일소, 일로일로(一笑一少 一怒一老)'라는 말이 있다. 웃으면 웃을수록 젊어지고, 화를 내면 낼수록 늙는다는 뜻이다.

이것은 과학적으로도 매우 근거 있는 말이다. 웃을 때 나오는 베타-엔돌핀(β-endorphine)은 면역력을 높여 젊고 건강하게 해준다. 반면 화낼 때 분비되는 아드레날린(adrenalin)은 면역력을 떨어뜨려 늙고 병들게 한다. 이렇듯 정서는 건강의 중요한 요소이며 신체건강에도 큰 영향을 미친다.

분노 같은 감정 표현은 자주 하면 습관화된다. 화는 내면 낼수록 그 횟수나 강도가 증가한다. 화가 오래 지속되면 미운 감정이 생긴다. 증오는 분노가 고착된 것이다. 이런 상태는 정서적으로 건강하지 못하다는 징표다. 건강을 위해 사소한 일에 자주 화내지 말아야 한다. 화가 났다면 되도록 빨리 풀고 밝은 기분으로 바꿔야 한다.

불안감은 정서적 불건강의 첫 징후

정서적 불건강의 첫 징후는 마음의 불안이다. 사람은 누구나 예측할 수 없거나 새로운 일 앞에서 불안을 느낀다. 감당하기 어려운 일이라면 더욱 그렇다.

불안을 느낀다는 것은 매우 정상적인 현상이지만, 일시적으로 끝나지 않고 두통, 가슴앓이, 복부 통증, 불면, 집중력 저하, 막연한 피로감 같은 신체적 증상으로 이어지기도 한다. 그러나 크게 염려할 필요는 없다. 이런 증상들은 대개 마음을 조절하면 없어진다.

심리적 안정감은 정서건강의 바탕이다. 안정감이란 정서적 영역에만 속하는 것은 아니다. 정신적·영적 건강의 징표이고, 신체적 건강의 영향을 받기도 한다. 그 바탕은 유전과 환경에 따라 형성되지만, 건강행태를 바꾸면 얼마든지 정서건강을 증진할 수 있다.

유전적으로 감정이 예민해 작은 일에도 쉽게 분노를 느끼는 성격이라면, 이를 스스로 인지하고 고치도록 노력해야 한다. 감정을 잘 절제하는 친구를 모델로 삼아 배우는 것도 한 방법이다.

사랑은 받으려고 하면 오지 않는다

사랑은 인간의 기본 욕구다. 사랑이 부족하면 인간은 정서적으로 불안해지고 고독감에 시달리다가 결국 병이 난다. 사랑이 정서건강의 형성과 발달에 필수라는 연구들이 많지만, 그걸 말하기에 앞서 사랑이 인간의 건강에 얼마나 중요한가는 우리의 생활에서 느낄 수 있다.

어릴 때 부모를 잃었거나 부모의 무관심 속에서 자란 사람들은 정서적 문제를 갖게 될지도 모른다. 애정관계를 지속적으로 유지하지 못한 사람은 건강에 문제가 생긴다. 인간이 필요로 하는 따뜻함, 관심, 사랑, 편안함의 욕구를 채울 수 없을 뿐더러, 정서적 배려를 받아본 경험이 부족해 남에게 잘 베풀 줄도 모른다.

사랑을 못 받고 자란 사람은 사랑을 베푸는 방법을 배워야 하고, 남들보다 더 많이 베풀려고 노력해야 한다. 사랑을 베푸는 데 인색하면 부부생활은 물론 사회생활도 고독하다.

남편이 아내를, 또는 아내가 남편을 보거나 생각만 해도 편안하고 희열을 느끼면 정서적으로 아주 건강한 부부다. 그러나 아내를 생각만 해도 싫은 느낌이 들거나 남편을 보기만 해도 머리가 아프다면, 이는 정서적으로 건강하지 못한 관계다. 상대가 지나치게 싫어지면 정신병이나 신체적인 병이 생길 수 있다.

그런데 재미있는 현상은 느낌이나 감정은 만들기에 따라 강화되는 경향이 있다는 점이다. 좋아하면 좋아할수록 더욱 좋아지고, 싫어하면 싫어할수록 더욱 싫어지게 된다. 따라서 부부관계란 마음먹고 만들기에 따라 좋게 할 수 있다.

　사랑하는 데 인색하지 말자. 사랑을 대량 생산하여 모두에게 충분히 주자. 그리고 받을 것을 기대하지 말자. 사랑은 받으려는 만큼 오지 않기 때문에 받으려고 하면 할수록 불만이 생길 수밖에 없다. 사랑은 베푸는 것이지 받는 것이 아니다. 부부간에는 더 말할 나위가 없다.

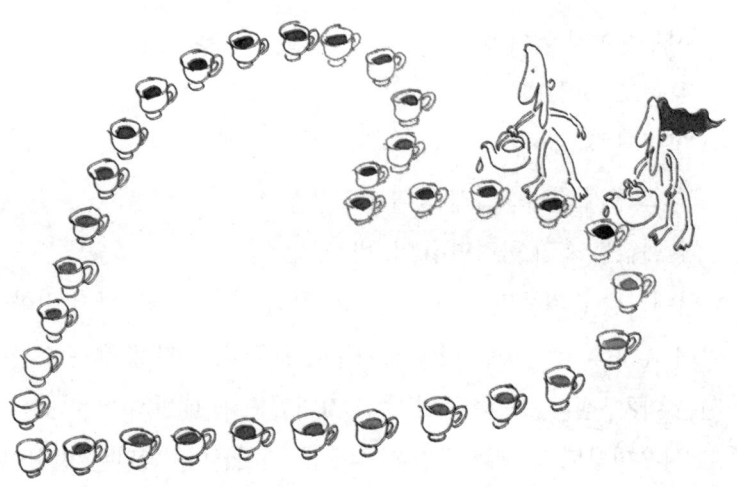

없던 사랑도
샘솟는 애정표현

▎알면서 왜 물어?

"여보세요?"
"저예요."
"왜?"
"어디예요?"
"사무실이지 어디야?"
"오늘도 늦어요?"
"알면서 왜 물어?"
"꼭 그렇게 퉁명스럽게 말해야 해요?"
"쓸데없는 소리 하려면 끊어. 바빠."

연애시절 즐겨듣던 음악을 듣다가 문득 남편이 생각나서 전화 건 아내, 남편의 무뚝뚝한 대답에 기분이 상한다. 전화를 끊는 순간 남편은 아차, 싶다. 또 며칠 말 않고 지내겠구나. 매번 이와 비슷한 일로 싸우면서도 남편은 똑같은 실수를 저지른다. 남편은 망설이다 아내에게 전화를 건다.

"여보세요?"
"나야."

"왜요?"

"나는 왜 이런지 몰라. 또 당신한테 실수를 했네. 마음은 안 그런 줄 알지? 미안해."

아내는 여전히 냉랭한 목소리로 전화를 끊지만 이미 섭섭했던 마음은 풀어져 있다.

첫번째 통화와 두번째 통화에서 남편의 마음이 달라진 것은 아니다. 남편은 왠지 자신도 모르게 아내의 전화에 퉁명스럽게 반응하게 된 것이다. 어쩌면 이미 남편은 습관이 되어버렸는지도 모른다. 많은 사람들이 남들에게는 부드럽게 예의를 갖추면서도 부부 사이에서는 믿는 마음에, 너무 편안해져서, 혹은 어색해서 상대에게 무례하게 대한다.

이는 크나큰 잘못이다. 설사 마음은 그렇지 않다는 것은 알아도 감정이 상하게 마련이다. 부부이기 때문에 더 예의를 갖추어야 하고, 사랑을 표현해야 한다. 그래야 사랑이 더 커지고 단단해진다.

그나마 남편은 뒤늦게라도 자신의 잘못을 곧 시인하고 아내의 감정을 풀어주려고 노력했다. 그렇지 않았다면 아주 사소한 일로 큰 싸움을 만들 수도 있었을 것이다.

사랑이 풍부하면 오던 질병도 비켜간다

부부는 자신의 즐거운 삶을 위해서라도 세상에서 가장 가까운 배우자와 즐겁고 건강한 관계를 유지해야 한다. 그 바탕은 사랑이다.

부부는 이성간의 뜨거운 사랑으로 출발했기 때문에, 부부간의 사랑은 인생에서 가장 소중하고 강렬하다. 따라서 부부건강에는 사랑이 거의 절대적이라고 할 만큼 큰 비중을 차지한다. 사랑이 식으면 부부 사이가 멀어지고, 사랑이 없으면 부부관계를 지속할 수 없다. 그러므로 부부는 늘 사랑을 창조하고 이를 유지하고 증진시켜야 한다.

부부간의 사랑에도 에로스적인 면과 아가페적인 면이 교직되어 있으며, 때에 따라 그 배합이 달라진다는 점에 유의해야 한다.

사랑에 대한 갈망은 우리가 살아 있는 동안 꾸준히 계속되며, 부부의 일상생활에서는 더욱 그렇다. 그리고 사랑은 부부의 신체적·정신적 건강에 중요한 역할을 한다. 사랑하는 부부는 건강문제가 발생할 확률이 적고 질병에도 쉽게 걸리지 않는다. 사랑이 충만하면 부부간의 관계가 돈독해져 어떤 갈등도 쉽게 풀 수 있다.

▍묘한 사랑의 마력

부부 사이의 불화와 갈등의 원인은 대부분 아주 사소한 것들이다. 따라서 서로를 이해하고 사랑하는 마음만 있으면 충분히 해소할 수 있다. 상대를 이해하고 사랑하는 폭이 좁으면 상대가 불편해하고 더불어 자신도 불편하다. 하지만 상대를 이해하고 사랑해 상대를 편안하게 해준다면 자신도 편안해질 수 있다. 그러므로 상대를 사랑하는 것은 곧 자신을 사랑하는 일이다.

배우자뿐만 아니라 자신을 위해 상대에게 무한한 사랑을 베풀어야 한다. 이것이 곧 사랑에 대한 부부간의 정서건강이다. 사랑이란 묘한 것이라서 받는 것도 기쁘지만 주는 것은 더 기쁘다. 사랑은 받는 사람을 건강하게 해주고, 주는 사람을 더 건강하게 하는 마력이 있다.

부부의 삶은 사랑으로 충만해야 한다. 사랑은 부부를 편안하고 행복하게 한다. 서로가 애정을 주고받으면 자신을 더욱 건강하게 해줄 뿐 아니라 상대의 욕구도 채워줄 수 있다.

표현하는 만큼 커진다

앞에서 예를 들었듯이 우리나라 부부들은 사랑을 표현하는 데 서툴다. 그러나 서로의 건강을 위해서도 애정표현은 많을수록 좋다. 밝은 인상으로 남편의 기분을 좋게 해준다든가, 따뜻한 몸짓으로 아내를 아늑하게 해준다든가, 적절한 인내로 상대의 고통을 나눈다든가, 즐거운 성생활 등의 사랑표현은 부부의 정서건강을 높인다.

마음이 있어도 사랑을 표현하지 못하는가 하면, 자꾸 표현하다보면 없던 마음이 생겨나기도 한다. 부부

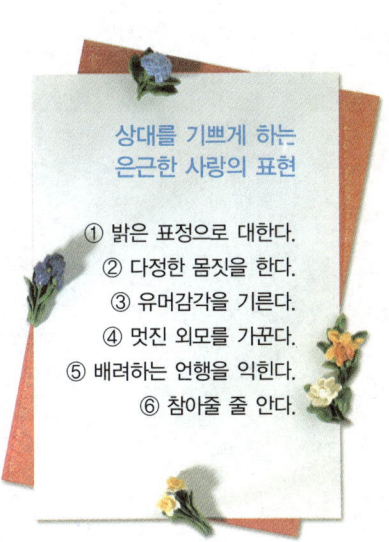

상대를 기쁘게 하는 은근한 사랑의 표현

① 밝은 표정으로 대한다.
② 다정한 몸짓을 한다.
③ 유머감각을 기른다.
④ 멋진 외모를 가꾼다.
⑤ 배려하는 언행을 익힌다.
⑥ 참아줄 줄 안다.

는 사랑으로 시작한 사이다. 사랑이 식었어도 사랑표현을 버릇 들이면 숨어 있던 불씨가 되살아난다. 자기 마음에 불길을 지피는 행동이지만 상대의 마음에도 불길을 댕기는 효과가 있다.

　사랑하는 마음을 사랑한다는 말로써, 또는 사랑의 행위로써 직접 표현하자. 반드시 직접 표현만이 효과적인 것은 아니다. 일상생활 속에서 늘 사랑의 마음을 주고받기 위해서는 간접적인 표현도 할 줄 알아야 한다.

편안하니까 부스스해져도 된다?

▌벌레 씹은 얼굴, 좋을 리 없다

우리나라 부부들은 아침에 잠자리에서 일어날 때부터 표정이 없다. 찌푸린 얼굴로 일어난 남편은 아내를 위해 밝거나 정다운 모습을 보이려 노력하지 않는다. 아내 역시 잠자리에서 일어난 그대로 흐트러진 머리와 화장기 없는 무표정한 얼굴로 남편을 대한다. 서로 부딪치면 "왜 그래?" 하고 금방 싸울 것만 같다.

부부동반 모임에서 가만히 살펴보면, 부부마다 서로를 대하는 인상이 다르다. 어떤 부부는 서로 눈이 마주치면 웃는 인상으로 바뀌는 반면, 어떤 부부는 벌레 씹은 표정을 한다. 그것은 평소에 습관처럼 짓는 표정이다.

얼굴은 마음의 거울이다. 마음이 편안하고 기분이 좋으면 표정이 밝아진다. 밝은 인상은 타인뿐만 아니라 자신의 기분도 좋게 해준다.

아름다움은 얼굴 생김새가 잘생기거나 예쁠 때만 느껴지는 것은 아니다. 날마다 얼굴을 마주하는 부부간에는 더더욱 생김새보다는 인상이 아름다움을 좌우한다. 그런데 우리 주위에는 인상이 밝은 사람이 많지 않다. 자신의 인상에 대해선 별 관심과 노력을 기울이지 않아서일 것이다. 부부는 늘 서로 좋아하는 인상으로 대해야 한다.

▌밝은 표정, 건강한 마음의 표현

　부모형제는 유전적으로 생김새도 닮았지만 인상도 비슷하다. 같은 분위기에서 살아왔기 때문이다. 부부간의 분위기가 어떠냐에 따라 부부의 인상은 물론 아이들의 인상도 달라진다.

　부부는 닮는다고 한다. 이는 얼굴 생김새가 닮는 것이 아니라 오랫동안 얼굴을 마주보며 감정을 공유해왔기 때문에 표정이 닮는 것이다. 남편의 인상이 어두우면 아내의 인상도 어둡고, 아내의 인상이 밝으면 남편의 인상도 밝다.

　정서적으로 편안하고 고요하며 희열을 느끼도록 마음을 다스리며 서로 볼 때마다 인상을 밝게 해야 한다. 그러다보면 좋은 인상을 갖게 되고 서로 즐겁게 바라볼 수 있어 건강도 좋아진다. 반대로 인상을 계속 찌푸리면 보기가 싫어 서로를 싫어하게 되고, 인상은 더욱 나빠진다. 이로 인해 건강도 나빠진다.

　자신의 인상이 안 좋으면 상대의 정서건강도 해친다. 이것은 곧 자신의 건강을 해치는 일이다. 따라서 밝은 인상은 배우자에게도 좋은 사랑의 선물이다. 자신을 위해서나 배우자를 위하여 항상 밝고 사랑스런 인상으로, 서로의 건강을 증진시키는 자극원이 되어야 한다.

멋진 외모가 주는 즐거움

멋진 외모는 자신과 타인 모두의 기분을 좋게 한다. 이는 정서건강을 유지, 증진하는 데 중요한 요인이다. 자신의 모습에서 배우자가 편안한 멋을 느껴 즐거움을 얻고 자신도 행복을 느낀다면 이는 부부의 정서건강 증진에 큰 도움이 된다.

멋진 외모는 키가 크고 몸매가 날씬하거나 비싼 옷을 입어서 나타나는 것이 아니다. 넘치는 건강미, 단단한 근육과 곧은 자세, 여유 있고 의연한 동작이 멋진 모습을 만든다. 따라서 정서건강을 위해 자신의 외모를 가꿀 줄 알아야 한다.

사람들은 배우자 앞에서는 멋지게 보이려고 애써 노력하지 않는다. 같이 사는 사람이므로 흐트러지고 추한 모습을 보여도 된다고 생각한다. 매일 함께 생활하다보니 보기 안 좋은 모습을 감추기가 쉽지 않다. 그렇기에 오히려 상대에게 더더욱 관심을 갖고 매력적이고 멋진 모습을 보여줘야 한다.

남편의 모임에 함께 갈 경우, 남편에게 자문해 외모를 단장하자. 화려하고 비싼 옷을 입거나 화장을 진하게 하라는 말이 아니다. 아내의 친구나 지인을 만날 때, 남편도 마찬가지다.

이렇듯 배우자의 모임에 동반할 때는 그 모임의 성격을 배우자가 더 잘 알고 있으므로 배우자의 자문을 받아 외모를 단장하는 것이 바람직하다.

언제나 신혼기분을 느끼려면?

▌신혼시절, 상상만으로도 즐겁다

부부는 마주 대하는 시간이 많다. 그때마다 서로 다정하게 대해야 한다. 아내를 바라보는 남편의 다정한 눈빛, 편안하게 밥을 먹을 수 있도록 배려하는 아내의 따뜻한 태도, 정성껏 차려준 밥상에 고맙다고 아내를 안아주는 남편의 팔, 출근하는 남편의 넥타이를 매주는 살가운 아내의 손길, 직장에 나가거나 외출하는 아내에게 외투를 입혀주는 남편의 자상한 배려, 보는 사람이 없으면 뽀뽀하는 사랑의 몸짓…….

신혼 때는 행복을 온몸으로 느끼면서 산다. 사랑의 몸짓을 하라고 하지 않아도 저절로 하게 된다. 인간의 생리적 욕구인 성적 욕구와 정서적 욕구인 애정의 욕구가 강하게 작용하기 때문이다. 그러나 몇 달만 지나면 그런 욕구가 충족되면서 부부간의 관계가 시들해진다. 성적 욕구는 감각의 순화작용으로 무뎌진다. 사랑의 감정도 일상생활에서 겪는 감정충돌로 인해 식거나 무관심해지고, 심하면 미움으로 변한다.

다행스럽게도 인간에겐 다른 동물과는 달리 정신적 욕구인 지성과 영적 욕구인 도덕이 있다. 이것으로 사랑을 승화하면 더 건강하고 행복한 사랑을 할 수 있다.

신혼 초에는 결혼이 이렇게 사람을 건강하고 행복하게 하는 것이구나 하는 것을 피부로 느낄 수 있을 만큼 즐겁고 행복하다. 퇴근시간이 기다려지고, 함께 있는 것만으로도 마냥 즐겁다.

그런데 세월이 지나면 매일 만나는 부부이므로 서로 부담 없고 무뚝뚝하게 대해도 괜찮지만, 없으면 불편한 존재 정도로 바뀐다. 이것이 편안한 관계라고 말하지만 아주 재미없는 관계이므로 정서건강의 증진에는 도움이 되지 않는다.

부부는 둘만의 사랑스런 몸짓을 개발해 서로가 건강할 수 있도록 노력해야 한다. 그러자면 신혼시절에 부부가 어떤 몸짓을 했고, 그게 얼마나 즐거웠는지 생각하며 계속 그렇게 행동할 필요가 있다.

▎다정한 몸짓이 부부를 바꾼다

어떤 40대 아내의 이야기다.

어느 날 그녀는 남편에게 제안했다.

"출근할 때 헤어지는 인사로 뽀뽀하면 어때요? 신혼 때처럼 말이에요. 당신 그땐 뽀뽀하는 거 굉장히 좋아했잖아요."

"다 늙어서 남부끄럽게 왜 그래?"

남편은 퉁명스럽게 대꾸했다.

며칠 후 그녀는 신혼시절에 그랬던 것처럼 넥타이를 매주려고 남편에게 다가갔다.

"괜찮아, 내가 맬게."
남편은 바로 거절했다.
"오늘은 내가 한번 매드리고 싶어요."
이번엔 그녀도 물러서지 않고 넥타이를 매주었다.
그러자 남편이 그녀를 번쩍 안고서는 이렇게 말했다.
"이런 기분도 괜찮은데? 다녀올게. 잘 지내요."
그 다음부터 그녀는 용기를 내어 여러 가지 사랑의 몸짓을 다시 시도했다. 그랬더니 서로 사랑을 느끼면서 건조했던 부부관계가 다시 윤택해지더란다.

유머감각은 부부를 젊게 한다

유머감각은 정서건강의 중요한 구성요소다. 지루한 일상생활에서 유머 때문에 웃을 수 있다면 생활이 즐거울 것이다. 게다가 웃을 때마다 베타-엔돌핀이 솟아 젊고 건강하게 해준다.
아내를 웃기고 남편을 웃긴다는 것은 쉬운 일이 아니다. 자칫하면 경망스럽게 보일 수도 있다. 그래서 진지한 사람일수록 우스갯소리를 잘하지 못한다. 그러나 서로를 즐겁게 해주는 소재를 관심 있게 찾아보면 재미있는 것들이 많다. 친구들과 나눴던 대화, 신문이나 TV에서 본 사건…….
친구들 중에도 항상 좌중을 웃기고 즐겁게 만드는 사람이 있는가 하면, 항상 심각한 태도로 사람들을 불편하게 하는 사람도 있다. 자신은 어떤 경우에 속하는지 생각해보라. 그리고 자신은 배우자를 즐겁게 해주는 사람이라고 생각하며, 이를 위해 준비하고 상대가 즐거워하면 자신도 즐거워하라.

하지만 상대가 자신을 즐겁게 해주기만을 바란다면 그때부터 불행해진다. 자기 입맛에 딱 맞는 사람은 이 세상에는 없다. 부부관계란 조금만 노력하면 즐겁고 행복한 생활을 할 수 있다. 서로가 서로를 북돋워주는 멋진 부부가 되자.

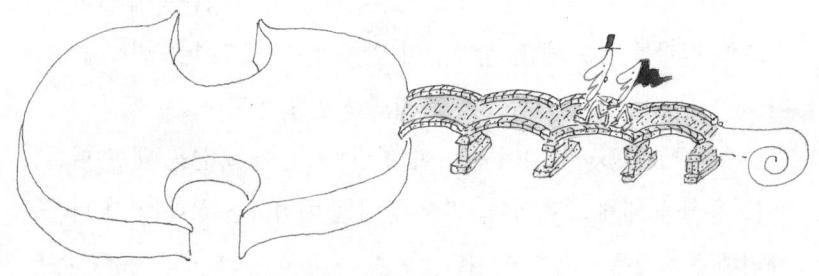

이런 남편 저런 아내, 나는 어떤 유형?

▍배려가 서로를 행복하게 한다

때때로 동시에 여러 사람에게 서로 다른 영향이 나타나는 일이나 상황이 발생한다. 어떤 일은 자신에게는 유리하지만 남에게는 불리하며, 또 그 반대일 수도 있다. 이해가 서로 다를 때 대부분 자신에게 유리한 방향으로 결정되기를 원한다. 만약 뜻대로 안 될 경우 상대방을 미워하고 화를 내기도 한다.

부부 사이도 마찬가지다. 그러나 부부라면 항상 상대방에게 유리하도록 결과를 유도하고, 상대방이 만족할 수 있도록 노력해야 한다. 자신은 상대방의 기쁨을 통해 기쁨을 얻으면 된다.

부부는 서로를 배려하며 살아야 한다. 한쪽이 욕심을 내면 다른 쪽도 욕심을 내게 마련이다. 먼저 상대를 배려하면 상대 역시 나를 배려해주는 것은 당연한 이치다.

▍내 말대로 해!

배우자가 자기 의견대로 무조건 따라주기를 바라는 사람이 있다.

남편의 경우 그것이 남자다움이라고 착각하기도 한다. 권위적인 사람일수록 더욱 그렇다. 과연 무조건 따라준다고 불만이 없는 걸까? 그렇지 않다. 이런 사람일수록 자기의 판단과 능력을 과잉 숭상하는 경향이 있다. 그래서 상대가 자신을 따라주는 게 자신을 사랑하고 존경해서가 아니라, 상대가 무능력하기 때문에 시키는 대로 하는 거라고 몰아붙이는 것이다.

이러한 성향의 남편이나 아내들은 표정이 강하고 자만에 차 있으며 불만이 많고 어둡고 편안하지 못하다. 결국 정서적 불만과 불안정을 가져와 아드레날린이 분비되고, 그럼으로써 면역력이 약해져 쉽게 병에 걸리거나 사망할 수도 있다.

자신의 의도대로 생각하고 움직이는 사람은 이 세상에 나밖에 없다는 것을 명심하자. 배우자가 자신처럼 생각하고 행동해주기를 기대할수록 불행해진다. 건강하고 행복한 관계를 만들고 싶다면, 배려나 사랑을 받기만 바라지 말고 자기가 먼저 상대를 위해 무엇을 해줄 것인지 생각하고 실천하자.

부부의 4가지 유형

어떤 30대 아내가 밤늦도록 남편을 기다리다 깜박 잠이 들었다. 그때 초인종이 요란하게 울렸다. 직장일로 새벽 1시에야 피곤에 지쳐 들어온 남편. 문을 열어주면서 둘이 주고받는 대화를 4가지 유형으로 살펴보자.

|유형 1|

문을 열어주는 순간.
"기다리지 않고 잤어?"
남편은 아내의 얼굴을 쳐다보더니 퉁명스럽게 말하고는 방으로 홱 들어간다.
'지금까지 기다리다 깜박 졸았는데, 이제야 들어오면서 화를 내도 유분수지.'
이렇게 생각하니 그녀도 기분이 나빠져 남편을 쳐다보지도 않고 베개만 달랑 들고는 아이들 방으로 가버린다.

|유형 2|

"기다리지도 않고 잤어?"
남편의 퉁명스러운 힐난.
"여보, 미안해요. 기다리다 깜박 잠이 들었나봐요. 이렇게 늦게까지 일하느라 피곤하죠?"
아내는 남편의 양복을 받아 옷장에 넣고 잠자리를 살핀다.

|유형 3|

"집안일 힘들 텐데, 나 때문에 잠도 제대로 못 자는군요. 미안해요"
남편의 말에 아내는 퉁명스럽게 대꾸한다.
"또 이렇게 늦게 들어오면, 문 안 열어줘요."
그리고는 방으로 들어가버린다.

|유형 4|

"여보, 나 때문에 잠을 설쳤지? 미안해요."
"많이 피곤하죠? 깜빡 조는 바람에 얼른 문 못 열어줘서 미안해요."
남편과 아내는 부드럽고 따뜻한 눈길을 주고받으며 가볍게 안는다.

〈유형 1〉의 부부는 서로를 전혀 배려할 줄 모른다.
〈유형 2〉에서는 남편은 아내를 배려하지 않는데 아내는 남편을 배려하고 있다. 아내가 남편보다 마음이 넓다.
〈유형 3〉 남편은 아내를 배려하지만, 아내는 남편을 배려하지 않는다. 그는 너그럽고 아량이 있는 멋진 남편이다.
〈유형 4〉의 부부는 서로를 배려하는 멋진 언행을 하고 있다.

못마땅해도 화를 내거나 저항하지 않고 참아준다는 것은 소극적인 표현법이다. 하지만 어떤 적극적인 사랑의 표현보다 중요할 수 있다. 적절한 인내는 부부 사이의 분노나 미움 같은 정서적 유해 요인을 없애는 데 효과적이다.
같이 살다보면 화가 치밀 때가 많다. 왜 화를 냈는지 돌아서서 생각해보면 어이없어 웃음이 나올 만큼 별것 아닌 이유다. 부부 사이에 일어나는 일들은 대부분 사소한 것이기 때문이다.

냄비뚜껑에 구멍이 왜 나 있을까?

아침 밥상을 조금만 늦게 차려도, 아이들이 아침에 늦게 일어나도, 배우자가 외출했다가 늦게 들어와도 벌컥벌컥 화를 낸다. 집에서는 늘 화나는 일들의 연속이다. 왜일까? 함께 생활하다보니 부딪히는 일이 많고, 밖에서와는 달리 긴장할 필요가 없어 마음이 편하기 때문이다.

관심이 없으면 화낼 일도 없다. 집 안에서도 잔뜩 긴장하고 산다면 화를 못 낼 것이다. 하지만 짜증도 없고 화내는 일도 없다면, 그 부부나 가족관계는 문제가 있다. 그나마 관심이 있으니까 화도 나는 것이다.

그래도 화를 내는 것은 건강에 해롭다. 소화가 안 돼 소화기 계통에 병이 올 수도 있다. 그러니까 분노하면 이래저래 손해다. 분노가 쌓이면 증오로 발전하는데, 자신이 미워하는 사람은 자기만큼 괴로워하지는 않는다. 자기만 괴로운 일이다.

부부는 남남이 만나 이루어진 관계이므로 생활방식이 서로 다를 수 있다. 사랑이 있으면 이해할 수 없는 언행도 받아들인다. 하지만 근본적으로 해결하기 위해서는 솔직한 대화가 필요하다. 적절한 의사소통을 통해 서로 조율해나가야 한다.

감정의 충돌로 서로 흥분해 있을 때는 말없이 참고 지켜보는 인내가 필요하다. 남편이 감정을 조절하지 못해 불쾌한 언행을 한다면, 아내는 한발 물러나 남편의 기분이 가라앉을 때까지 차분하게 기다려야 한다. 반대로 아내가 화난 상태라면 남편이 인내심을 갖고 아내의 기분을 풀어준다. 냄비 뚜껑의 김빠지는 구멍처럼 사랑하는 배우자가 스트레스를 풀 기회를 만들어주어라.

참는 것도 익숙해지면 수월해진다. 잘 인내하면 항상 편안하고 포용력도 생긴다. 정서적으로도 성숙한 멋진 사람이 된다. 참는 연습을 반복해 감정변화에 여유 있게 대응할 수 있도록 꾸준히 노력하자. 부부관계는 아주 좋은 훈련장이다.

남편의 화내는 버릇을 고친 오리 흉내

어떤 30대 아내의 이야기다. 연애할 때 남편은 화를 잘 내지 않았다. 그런데 결혼하자마자 아주 작은 일에도 걸핏하면 화를 냈다. 잔소리도 심했다. 남편은 불같이 화를 내며 야단치기 일쑤였다. 그녀는 점점 참기가 힘들어졌다. 이대로 가다가는 파경에 이를 것만 같았다. 남편을 사랑했으므로 그는 남편의 버릇을 한번 고쳐보자고 마음먹었다.

결혼하기 전에 친구들과 동물 흉내를 내며 놀던 기억이 떠올랐다. 그래, 남편이 화를 내면, 오리 표정을 하고 몸을 움츠린 채 가만히 앉아 있는 거야.

어느 날 남편이 또 사소한 일로 화를 냈다. 이때다 싶어 그녀는 아무 대꾸 없이 오리 흉내를 내며 가만히 앉아 있었다. 그랬더니 남편이 정색을 했다.

"당신, 왜 그래?"

"당신이 화를 내면 나는 오리가 되어버려요."

그녀가 오리 얼굴로 남편을 바라보자, 그 모습에 남편은 그만 웃음을 터뜨리고 말았다.

이 사례에선 아내가 남편보다 정서적으로 성숙한 상태다. 아내의 노력으로 남편은 화내는 버릇을 고치고 조금 못마땅하더라도 참을 줄 알게 되었다고 한다.

포용하고 있는가, 포용되어 있는가

"내 마누라는 나한테 꼼짝 못해."
"우리 남편은 내 맘대로야."

이렇게 허세를 떠는 사람이 있는데, 이것은 그가 잘났기 때문이 아니라 대개는 상대가 인내와 아량으로 감싸주기 때문이다. 어떤 남편이나 아내가 자기 뜻대로 하고 싶지 않겠는가? 그러나 인내심을 가지고 포용하는 것이다. 한번 생각해보자. 자신은 상대방을 포용하고 있는가, 포용되어 있는가?

인내심을 갖고 배우자를 이해하려고 노력하자. 그래서 배우자가 자신을 편하게 느끼도록 하자. 이렇게 부부갈등을 인내로 극복하면서 상대를 이해하다보면, 세월이 흐르면서 편안하고 아량 있는 멋진 모습이 된다. 그러면 다른 사람에게 귀한 사람이 될 뿐 아니라, 자신에 대한 자긍심도 생겨 스스로를 사랑하게 될 것이다. 얼마나 멋진 일인가?

>>> 정신건강 4장

자긍심이 부부를 변화시킨다

자긍심은 생명만큼 중요하다
한 번 폭력이 파경을 부른다
칭찬은 남편을 춤추게 한다
아내가 행복하면 남편도 행복해진다
실현 가능한 계획을 세워 실천하라

남편이 아내를, 아내가 남편을 사랑하지 않고서는
행복한 가정을 이룰 수 없다. 처음부터 완전히
행복한 자리에서 시작하는 부부는 없다.
　　　　　－로렌스

사랑받는 것은 타버리는 것. 사랑하는 것은
어둔 밤을 밝히는 램프의 아름다운 빛.
사랑받는 것은 꺼지는 것.
그러나 사랑하는 것은 긴긴 지속……!
　　　　　－릴케

애정이 없는 결혼은 비극이다.
그러나 전혀 애정이 없는 결혼보다 더 나쁜 결혼이 있다.
그것은 애정이나 정절이 한편에만 있을 때다.
그리고 부부 중 한편만의 마음이 짓밟힐 때다.
　　　　　－오스카 와일드

자긍심은 생명만큼 중요하다

▎당당한 순응과 저항, 건강한 마음의 표현

정신이란 지성적·이성적·목표 의식적인 능력이다. 정서가 마음의 활동이라면, 정신은 두뇌의 활동이다. 따라서 머리가 맑고 창의적일 때 정신적으로 건강하다고 할 수 있다.

좁은 의미에서 정신적으로 건강하다는 것은 정신병이나 정신 이상이 없는 상태를 말한다. 그러나 어디까지가 정상 또는 건강한 상태이고 어디서부터 이상 또는 질병 상태인지 경계짓기는 어렵다.

대체로 언행의 규준(norm)을 벗어났을 때 정신적으로 비정상(이상)이라고 한다. 여름에 겨울옷을 입는다든지, 공연장에서 아무도 박수를 치지 않는데 혼자만 신나게 박수를 친다든지 하면, 우리는 그들을 정신적으로 이상하다고 말한다. 이는 사회통념에 따라 정신건강의 정상과 비정상을 구별하는 방법이다.

창의력이 뛰어나 시대를 앞서간 사람들도 당대에는 미친 사람 취급을 받기도 했다. 인간의 판단이 불완전함을 잘 보여주는 사례다. 그렇더라도 사회적 통념에 따라 행동할 줄 아는 사람이 정신적으로 건강하다.

사회적 통념에 따르거나 시비를 가려서 자신을 조절할 줄 안다면 사회생활에 잘 적응하는 사람이다. 정신건강 관리분야에서는 흔히 정신건강을 사회적 적응이라는 관점으로 이해한다. 그렇다고 사회가 정의롭지 못한 방향으로 가고 있는데도, 사회적 순응이 곧 건강이라고 할 수 있을까? 비굴한 순응보다는 오히려 당당한 저항이 정신적으로 훨씬 건강하지 않을까?

사회의 흐름을 무조건 추종하는 것이 아니라 옳고 그름에 대한 변별력을 가지고 능동적으로 적응할 때, 정신적으로 건강하다고 할 수 있다. 즉 흐름 속에 파묻히지 않고 주체적으로 사회에 적응하는 것이다. 이 적응은 순응일 수도 있고 저항일 수도 있다. 다만 어느 경우에도 긍정적 사고라는 공통점이 있다. 당당한 순응과 저항은 인생과 사회를 긍정적으로 보는 태도이며, 그 마음은 밝고 건강하다.

▎부정적 시각이 문제다

주체성이 약할수록, 자아의식이 없을수록 적응을 잘하고 건강할 것 같지만, 그것은 건강하지 못한 삶이요 죽은 삶이다. 주체성이 약한 것이 문제가 아니고 닫힌 마음과 부정적 시각이 문제다.

뚜렷한 주체는 마음을 열고 시비를 가리지만, 자신 없는 자아는 마음을 열지 않고 모든 것을 일단 회피하거나 부정하려 든다. 이는 비굴한 순응이나 무조건적 반대라는 부정적 행태로 이어진다. 부정적 사고에 젖은 사람의 표정은 어둡고 건강하지 못하다.

정신적 건강은 인생관이나 영적 건강에 영향을 미친다. 또한 사회의 건강이 개인의 정신건강에 큰 영향을 미치기도 한다. 가치관의 혼란을 겪거나 부도덕한 통치 권력의 압제에 시달리는 사회에서는 사회적 불안이 조성되고 사람들도 정신건강을 지키기 힘들어진다.

살다보면 정신적으로 건강하지 못할 때가 있다. 일반적 징표는 우울증인데, 대개는 시간이 지나면 정상으로 회복된다. 신체의 병이 자연 치유되는 것과 같다. 경우에 따라서는 정신과 전문의의 도움을 받아야 할 만큼 심각할 수도 있다. 이럴 때는 망설이지 말고 정신과 전문의와 상담해서 치료를 받아야 한다.

우리나라 사람들은 대개 정신적으로 건강하려면 어떻게 해야 하는지 잘 모른다. 건강에 대해 체계적으로 배운 적이 없기 때문이다. 어떤 정신과학자는 유전적 소인과 여섯 살 이전의 정신형성 과정이 정신병 발생에 영향을 미친다고 말한다. 그러나 정신병적 소인이 있더라도 자신의 삶을 주도적으로 가꿔나가려고 애쓴다면 달라질 수 있다. 신체와 정신은 노력하면 어떤 여건도 극복할 수 있다.

▎자긍심은 어떻게 길러지는가?

인생에 대한 긍정적 사고와 태도는 자긍심에서 나온다. 어떤 심리학자는 자긍심을 '내 삶은 가치 있고, 나는 잘살 수 있다고 확신하는 것'이라고 정의했다. 자긍심이 있어야 자신의 삶을 사랑하게 되고, 자기를 사랑해야 남도 사회도 사랑할 수 있다. 자기 자신에 대해 좋은 생각을 가진 사람들은 바르게 행동한다. 남들도 자신을 좋아하고 사랑하도록 하기 위해서다.

자긍심이 없다는 건 자기를 사랑하지 않는다는 말이다. 자기를 사랑하지 않는다면 남을 사랑할 까닭이 없다. 따라서 폐쇄적이며 인생과 사회에 대해 부정적이기 쉽다. 자기애가 없으므로 자신을 방치하거나 자기 파괴적인 행동도 서슴지 않는다. 어떤 사람들은 자긍심을 지키기 위해 온갖 고초를 참고 견디며, 심지어 생명까지도 버린다. 자긍심이란 이처럼 강한 기본 욕구인 것이다.

그렇다면 자긍심은 어떻게 길러지는가? 자긍심은 자기확신과 자기존중의 복합체다. 자기만의 독특한 특성과 가치가 있고, 그래서 자신이 귀한 존재임을 자각하는 것이다. 이는 곧 나 이외의 다른 사람들도 모두 귀한 존재임을 인정하는 타인 존중으로 연결된다. 따라서 자긍심을 기르는 것은 교육의 첫걸음이다.

인간은 사회에서 자신의 능력을 발휘하고, 다른 사람들에게 자신과 자신의 능력을 인정받기 위해 노력한다. 그리고 자신을 실현하고 사람들에게 인정받을 때 희열을 느낀다. 자긍심은 자기 파괴적인 행동을 막아줄 뿐만 아니라 이처럼 다른 사람들과의 교류, 스트레스 상황에의 적응, 사회적으로 중요한 역할 감당 등 여러 가지 능력의 토대가 된다.

또한 자긍심을 갖게 되면 두뇌가 맑아지고 창의력이 왕성해진다. 그러므로 자긍심을 높이는 것이 정신건강을 증진하는 지름길이다.

자긍심이 강한 사람은 자기에 대한 존중과 확신이 있으므로 다른 사람을 존중한다. 반면 자기에 대한 자신감이나 확신이 없는 사람은 남을 시기하고 두려워하며 심지어는 무시하기까지 한다.

> 한 번 폭력이
> 파경을 부른다

▌어떻게 나한테 이럴 수 있어?

"정말 이혼하든지 해야지 안 되겠어."
"어제 싸웠어? 왜 그랬는데?"
"몰라. 뭐 처음이야 별일 아니었지. 그런데 이 남자가 나한테 또 당신 하는 일이 다 그렇지, 그러면서 빈정거리는 거야. 그 말 들으면 내 머리털 똑바로 서는 거 알지. 그래서 대들었더니, 확 밀치는 거야. 어떻게 나한테 이럴 수 있어?"

부부싸움으로 상처받은 이야기들을 가만히 들어보면, 그 원인이나 사건은 모두 다른데 한 가지 공통점이 있다. 싸움의 직접적인 원인이 된 사건은 기억이 안 난다거나, 얘기해놓고도 스스로 사소한 것임을 인정한다. 즉 싸움의 발단이 된 결정적인 이유만 놓고 보면, 곧 잊어버릴 정도로 크게 상처받지 않았고 얼마든지 서로 화해가 가능하다는 이야기다.

그러나 싸움하는 과정이나 혹은 그 이후에 상대가 자신에게 했던 무례한 행동이나, 평소 자신을 무시했던 태도들은 똑똑히 기억한다. 그리고 싸움이 끝나 화해를 해도, 가슴 한 구석에 씻기지 않는 상처로 남는다.

아내는 "어떻게 나한테 이럴 수 있어."라며 탄식하고 있다. 자신을 무시하고 폭력까지 휘두르려 한 남편 때문에 아내는 자긍심에 심각한 상처를 입은 것이다.

주위 사람들의 부러움을 받던 부부가 어느 날 갑자기 파경을 맞기도 하는데, 알고 보면 자긍심 손상이 원인인 경우가 의외로 많다.

때때로 부부 사이에서는 무심코 던진 상대의 말 때문에 자긍심을 다치면서도 그 순간이 지나면 금세 잊어버리기도 한다. 그러나 이런 것들이 누적되면 어느 순간 더이상 참을 수 없게 되어 한꺼번에 폭발해버린다. 그 경우 바로 부부의 파경으로 이어진다.

▌자긍심이 무너지면 부부관계도 무너진다

부부는 서로의 자긍심을 북돋워주기에 아주 좋은 관계다. 동시에 자긍심은 부부 정신건강의 토대이며 징표다. 부부간의 자긍심이 무너지면 정신건강이 파괴되고, 부부관계도 무너질 수밖에 없다. 그러므로 부부는 서로의 자긍심을 높여주고, 이를 다치지 않도록 노력해야 한다. 어떠한 경우에도 서로의 자긍심에 상처를 주는 일을 해서는 안 된다.

자긍심이 강한 사람은 자기에 대한 존중과 확신이 있으므로 상대를 시기하거나 무시하지 않는다. 상대에게도 자신과 같은 자긍심이 있다는 것을 알고 존중한다. 그러나 자긍심을 잃은 사람은 자신도 모르는 사이에 상대를 시기하고, 상대가 자신보다 우월해지지 않을까 두려워하게 된다. 그러면서도 이러한 속마음을 감추기 위해 상대를 인정하지 않으려 들고, 심지어 무시하기까지 한다.

▎똑똑한 여자, 주눅 든 남자

아내가 예쁘고 똑똑하다고 자랑스러워하던 남편이 있었다. 그런데 어느 날 갑자기 이혼한다는 소식이 들렸다. 게다가 다시 결혼하겠다고 소개한 여자가 이전의 아내와는 비교할 수 없을 정도로 볼품없는 여자였다는 사실에 주위 사람들은 어리둥절했다. 남편은 그동안 아내의 미모와 현철함 때문에 늘 긴장하고, 주눅이 들었던 것이다.

서로 맞는 짝을 골라 부부를 이루는 것이 좋지만, 그렇지 않더라도 한번 부부가 되면 궁합을 맞춰가야 한다. 서로가 배우자의 자긍심을 살피고 북돋워주는 일은 궁합을 맞추는 일 중에서 가장 중요하다.

남편은 아내의, 아내는 남편의 자긍심을 높여주자. 이것이 바로 자기가 대접받는 길이요, 행복한 부부로 사는 길이다.

폭력은 씻을 수 없는 흠집을 남긴다

　자긍심에 손상을 주는 직접적인 원인은 폭력이다. 여기서의 폭력은 육체적 폭력만을 의미하는 것이 아니다. 욕설이나 빈정거림, 모욕 같은 정신적 고통은 육체적 고통보다 훨씬 크고 오래 간다. 침묵으로써 정신적 고통을 주는 경우도 있다. 그것 역시 폭압이다.

　부부관계에서 특히 폭력이 문제가 되는 것은, 이로 인해 자긍심이 다칠 수 있기 때문이다. 자긍심의 손상은 육체적·정신적 손상과는 비교할 수 없는 큰 고통을 준다. 그리고 부부관계의 파탄을 가져올 수 있다. 그러므로 결코 폭력을 행사해서는 안 된다. 폭력행사는 대체로 버릇이 되기 쉽다. 굳이 폭력이 아니라도 '절대로' '언제나' 같은 극단적인 표현도 삼가야 한다. 이 역시 상대의 자긍심을 건드리기 쉬운 까닭이다.

　폭력이 부부관계를 지배하면 지배의 쾌감과 피지배의 굴종이 있을 뿐, 부부의 진정한 기쁨이나 즐거움은 있을 수 없다. 양쪽 모두가 불행할 뿐만 아니라 더이상 부부의 의미도 없으므로 그러한 관계는 계기만 생기면 깨지게 된다.

　어쩌다 한번 행사한 폭력도 정상적인 부부관계에 오래도록 흠집을 남긴다. 그러므로 폭력은 절대 있어서는 안 될 일이다.

> 칭찬은 남편을
> 춤추게 한다

▌아, 젊으셨네요

회사원이 고객을 만났다. 이런저런 이야기에 기분이 좋아진 고객이 자신의 젊을 때 모습이라며 사진 한 장을 꺼내놓는다. 뭔가 감탄의 말을 한마디 해야 하는 순간이었다. 할말을 찾던 회사원이 겨우 한 마디를 내뱉었다.

"아, 젊으셨네요."

아뿔싸, 젊을 때 사진을 보고 젊다니! 두 사람은 껄껄 웃고 말았다.

이 경우 회사원의 자세를 생각해보자. 비록 실수는 했지만 회사원은 고객에 대한 최대한의 예의를 갖추기 위해, 고객을 기쁘게 하기 위해 칭찬으로 응대할 준비를 하고 있었다.

만약 부부가 상대방을 이런 자세로 대하면 어떨까? 아마 평생 싸움 같은 것은 하지 않을 것이 분명하다.

아내가 남편을 존중하고 자주 칭찬한다면 그 남편은 자긍심이 강해져 아내를 무시하거나 함부로 대하지 않을 것이다. 반면 아내가 남편을 무시하고 자긍심에 상처를 입힌다면, 그 남편은 자긍심을 잃고 억지로 아내를 이기려 들 것이다. 심하면 열등의식까지 겹쳐 어떻게든 아내의 자긍심에 상처를 줄 것이다.

　남편이 아내를 대하는 태도도 마찬가지다. 아내를 존중하지 않으면 아내 역시 남편을 존중하지 않을 것이다. 아내의 자긍심을 향해 화살을 날린다면 그것은 부메랑이 되어 자신의 자긍심에 깊은 상처를 낸다.

　사람은 누구나 인정받고 싶어한다. 남편은 아내한테, 아내는 남편한테 특히 더 칭찬받고 존경받기를 바란다. 칭찬은 상대의 자긍심을 높여준다. 상대를 인정하고 존경하는 것은 곧 나를 존경하고 인정해 스스로를 건강하고 행복하게 만드는 것이다.

▮존중하고 칭찬하면 높아진다

　우리나라 사람들은 상대를 인정하거나 칭찬하는 말에 인색하다. 당사자 앞에서 칭찬하는 게 낯간지럽고 어색하다고들 한다. 부부지간도 마찬가지다.

　아침에 일어나서 아내와 눈이 마주치면 이렇게 속삭여보자.

　"당신은 볼수록 예뻐요."

　그러면 아내는 하루 종일 기분이 좋을 것이다. 기분이 좋으니 소화도 잘되고 일하는 것도 즐거울 것이다. 아내 역시 남편에게 이렇게 말하자.

　"당신은 살아볼수록 괜찮은 분이에요."

　그 말은 일상에 지친 남편에게 힘을 줄 것이다.

용기를 주고, 인정하고, 존중하는 말들은 상대의 정신건강을 증진해 부부의 삶을 건강하게 해준다.

상대를 칭찬한다고 자신이 낮아지는 것은 아니다. 오히려 높아진다. 이런 사실을 알면서도 남을 칭찬하는 게 아부 같아서 하지 못하는 사람도 있다. 아부처럼 느껴지면 또 어떤가. 부부 사이에는 꺼릴 이유가 없다. 서로 칭찬하는 부부는 사회생활도 활력이 넘친다.

거짓말이라도 좋다?

사람은 칭찬을 받으면 즐거우면서도 겸허해진다. 부부는 서로의 능력을 인정하고 장점을 살려주는 칭찬을 아끼지 말아야 한다.

오늘 당장 남편이 돌아오면 칭찬을 해보자. 혹은 즐겁게 외식을 하면서 아내의 수고를 위로하며 칭찬해보자. 아무리 생각해도 칭찬할 거리가 없는가? 그렇다면 거짓말이라도 하자. 심리학자들에 따르면, 사람은 거짓말인 줄 알면서도 자신을 치켜세우는 말을 들으면 기분이 좋아진다고 한다.

그렇지만 사회생활의 필요에 따라 속마음과는 전혀 다른 가식적인 칭찬은 바람직하지 못하다. 서로를 진실로 좋게 받아들이면 미움은 사라지고 칭찬은 늘어나게 될 것이다. 특히 부부의 경우, 상대는 자신이 가장 아끼고 사랑하는 사람이요, 평생을 함께 살아갈 사람이다. 서로를 좋게 보려고 노력하고 아낌없이 칭찬하자. 그러면 행복과 즐거움이 부부 사이에 충만할 것이다.

아내가 행복하면 남편도 행복해진다

▌비교와 비난, 누워서 침뱉기

칭찬만 하고 살아도 짧은 인생이다. 상대를 무시하거나 비난하면서 아까운 인생을 허비하지 말자. 더욱이 남 앞에서라면 이러한 행동은 금물이다. 자긍심을 해치는 것은 부부관계에 치명적일 수 있다. 자긍심은 생명과 바꿀 수 있을 만큼 소중한 것이므로, 자긍심에 상처를 입으면 언젠가 반드시 후유증이 나타난다.

50대 지식인 부부가 남편의 부하직원들과 함께 식사하게 되었다.

"나 같은 사람이나 되니까 여태껏 살았지. 말도 말아요. 형편없는 사람이라니까요."

아내의 말에 부하직원들은 깜짝 놀랐다. 대학까지 나왔다는 상사의 아내가 어쩌면 그렇게 교양 없이 말하는지 의아했다. 그런 아내와 사는 상사가 불쌍해지더니 결국엔 그 상사도 형편없는 사람으로 느껴졌다.

당신이 뭘 안다고 그래?

이번에는 30대 부부모임에서 있었던 일이다. 어떤 아내가 한참 이야기하는데 그녀의 남편이 말을 자르면서 핀잔을 주었다.
"당신이 뭘 안다고 그렇게 떠들어?"
아내도 당황하는 기색이 역력했지만, 함께 있던 사람들이 더 놀랐다. 그는 아내를 꼼짝 못하게 잡고 사는, 능력 있는 남자임을 과시하고 싶었는지 모른다. 하지만 그토록 무능한 여자와 함께 사는 남자라면 과연 능력 있는 사람일까? 그는 사람들의 의식 속에 몰상식한 남자로 각인되었고, 아내 역시 못난 여자가 되고 말았다.

두 부부는 결국 누워서 침 뱉기를 한 꼴이었다. 부부관계에서 자기가 우위임을 과시하려는 어리석음이 빚어낸 일이다. 상대의 잘못을 꼭 지적해야 할 상황이라면, 상대를 비난하기보다는 사랑으로 감싸면서 다시는 그런 일이 일어나지 않도록 바로잡는 게 좋다.

불만을 말한다는 것이 상대의 자긍심에 상처를 줄 수 있다. 남들 앞이 아니라고 함부로 해서는 안 된다.

어떤 경우라도 상대를 무시하지 마라

"당신은 아버지 없이 자라서 성격이 그런가 봐요. 집안에서 일어나는 사소한 일을 적당히 인내하고 절제하는 것을 배우지 못한 것 같아요."

무심결이라도 이런 말은 삼가야 한다. 상대에게 허물이 있다 하더라도 단정적이고 극단적인 표현으로 나무라지는 말아야 한다. 더구나 아버지 없이 자라서 그렇다니, 고칠 수도 없다는 말이 아닌가?

특히 남과 비교당하고 체면이 깎일 때, 자긍심은 심하게 상처 입는다. 라디오 여성프로그램에서 소개되었던 어떤 주부의 하소연을 들어보자.

"저는 전업주부인데요, 어느 날 남편이 돈 잘 버는 다른 집 아내 얘기를 하면서 저더러 사업을 해보라는 거예요. 돈은 얼마든지 대주겠다면서요. 그때 얼마나 속상했는지 몰라요. 마치 나를 그 여자와 비교하는 것 같았거든요. 자존심이 상했어요……."

언뜻 생각하면 도무지 불평거리로 생각할 만한 얘기가 아니다. 사업을 하도록 돈을 대주겠다니 얼마나 좋은 일인가.

문제는 남편의 태도에 있었다. 어려운 살림을 꾸리면서 아이들을 키우고 있는 아내의 전업주부로서의 가치는 무시하고, 돈 잘 버는 다른 집 아내를 노골적으로 부러워하며 자기 아내를 열등한 것처럼 취급한 것이다. 당연히 아내는 자존심이 상할 수밖에 없었다.

남편은 세상살이가 힘들어 푸념을 늘어놓았는지 모른다. 아니면 진심으로 아내가 돈을 벌기를 바랐는지도 모른다. 어찌됐든 아내의 자긍심을 살려주면서 말했더라면 아내도 긍정적으로 받아들이고 지친 남편을 격려해주었을 것이다. 아주 자연스럽고 기분 좋게 오고갈 대화가 스트레스로 작용하고 있으니 안타까운 일이다. 우리 부부에게는 이런 일이 없는지 한번 생각해보자.

인정하고 존중하면 건강해진다

칭찬을 들으면 베타-엔돌핀이 나와 신체적으로도 건강해진다. 한 마디의 칭찬이 부부의 정신적, 정서적, 신체적 건강을 두루 증진한다. 상대를 인정하고 존경하며 칭찬하는 태도는 마음에서 우러나온다. 사람의 태도는 마음의 상태를 아주 섬세하게 반영하므로 하기 싫은 일을 할 때는 표시가 나게 마련이다. 마음 깊은 곳에서 배우자의 능력을 인정하고 인격을 존중하자. 배우자를 인정하고 존중하면 배우자만 좋은 것이 아니라 자신도 좋아진다.

> 실현 가능한 계획을
> 세워 실천하라

▍부부는 서로에게 훌륭한 선생이다

 사람은 누구나 선생이 될 수 있다. 자기만의 특성이 있고, 자기만의 지식·기술·태도·능력 등이 있기 때문이다.
 부부는 서로에게 너무나 잘 어울리는, 그러면서도 가장 가까운 선생이다. 서로의 장점을 배우고, 지식과 경험을 공유해 두 사람 모두 경험이 풍부한 사람으로 발전해가야 한다. 부부가 서로 가르치고 배우는 자세는 서로의 자긍심을 높여주고 친밀감도 길러준다. 가르치는 것 못지않게 나이 들어 새로운 것을 배운다는 자긍심도 크다.
 그런데 남편이 아내를 무시하거나 아내가 남편을 무시하면서 자기 말이 맞다고 주장하는 부부가 있다. 서로에게 배울 생각이 없는 부부다. 이런 부부는 상대의 말이나 행동을 인정하지 않음으로써 매사에 갈등이 많고 부부싸움도 잦다.

▍배움 자체가 삶을 풍요롭게 한다

 모자라는 사람일수록 상대의 지식과 경험을 인정하지 않고 자기

것만을 주장하게 된다. 지성의 틀이 작은 사람은 자신이 무엇을 모르는지조차 모르기 때문에 더 알 필요를 느끼지 못하는 것이다. 오히려 많이 아는 사람일수록 자신의 부족한 점을 알기 때문에 더 배우려고 한다. 자연히 겸손해질 수밖에 없다.

지적 욕구가 낮으면 정신건강에도 안 좋다. 지적 욕구란 무엇이든 호기심을 갖고 알고자 하는 것이다. 이를 통해 보다 넓은 시각으로 다양하고 재미있는 삶을 추구하려는 것이다. 강렬한 지적 욕구를 가지고 부부가 함께 배울 수 있는 것을 계획해보라.

부부간의 대화도 지적 욕구를 갖고 이끌어가는 것이 좋다. 신문기사나 책의 내용을 말하거나 삶의 경험에 대한 이야기로 끊임없이 대화할 수 있다. 꼭 어디에 쓰기 위해 배우는 게 아니다. 배운다는 것 자체가 삶을 풍요롭게 해주는 것이다.

결혼생활에 때때로 변화를 줄 필요가 있다. 지적 욕구를 충족하기 위해 생활에 변화를 준다면 아주 멋질 것이다. 서로 상대를 존중하고 칭찬할 수 있는 자연스러운 바탕을 일구는 일이기도 하다.

▌평생의 원대한 목표를 위한 작은 실천

부부가 살아가면서 실현 가능한 목표를 세우고, 부부가 함께 계획하고 실천해나간다면 정신건강에 좋다. 부부간의 신뢰는 물론, 자기확신이 생겨 자긍심을 기르는 데도 도움이 된다.

하지만 감당할 수 없는 목표를 설정하고 꼭 성취해야 한다는 의무감을 갖는다면, 정신적으로 힘들 수밖에 없다. 더욱이 목표를 달성하지 못하면 부부간의 신뢰도 깨진다. 그러므로 평생의 원대한 목표를 향해 매일, 혹은 한 달 동안에 이루어야 할 작은 목표들을 설정하고, 감당할 수 있는 계획을 세워 천천히 실현해가는 것이 좋다. 이 역시 서로를 인정하고 존경하는 실질적인 바탕을 만드는 일이기도 하다.

▍장점 속의 단점, 단점 속의 장점

자긍심은 남에게 인정받을 때 확고해진다. 소속감을 느낄 수 있는 그룹활동, 가족모임, 부부모임, 자원봉사, 종교활동, 연구모임, 운동모임 등 부부가 함께 활동할 수 있으면 좋다.

누구보다도 남편은 아내에게, 아내는 남편에게 인정받기를 원한다. 그러므로 모임이 끝나면 서로 칭찬해주는 것이 좋다.

"당신은 모든 사람을 편안하게 해주는 재주가 있어요. 거기 모인 사람들 모두가 당신을 좋아하니 말이오."

이렇게 아내를 칭찬하는 남편.

"당신과 결혼한 건 행운이에요. 당신이 정말 자랑스러웠어요."

남편을 칭찬하는 아내.

이처럼 서로의 자긍심을 북돋워준다면 집단활동에 점점 자신감이 생기고, 결국은 주위 사람들에게도 인정받게 될 것이다.

"당신 말이야, 바보같이 그런 것도 못해?"

이렇게 배우자를 힐난하는 사람이 있는데, 이유야 어떻든 쓸데없는 욕심 때문에 자신을 괴롭힐 뿐이다. 이렇게 끝나는 부부모임이라면 차라리 안 가는 게 낫다.

누구에게나 장단점이 있다. 같은 일을 장점으로 보는 사람도 있고, 단점으로 보는 사람도 있다. 자세히 들여다보면 장점 가운데 단점이 숨어 있고, 단점 가운데 장점이 숨어 있다. 즉 장점이라고, 혹은 단점이라고 단정할 수 있는 것은 없다. 자신의 건강과 행복을 위해 배우자의 일거일동을 장점으로 이해하자.

■ 남편이 꼭 알아두어야 할 9계명 - 아내에게 잘하자!

1. 아내의 건강에 항상 관심을 갖는다.
2. 사랑하는 얼굴 표정, 언어, 행동으로 아내를 대한다.
3. 부부싸움은 절대 하지 않는다.
4. 아내와 즐거운 대화로 가정생활을 행복하게 유지한다.
5. 아내를 포용하고 배려하여 시댁과의 관계에서 빚어지는 어려움을 도와준다.
6. 아내의 일거일동을 존중하고 존댓말을 사용한다.
7. 아내와 아이들이 좋아하는 가정적인 남편이 되도록 노력한다.
8. 아내에게 가정과 사회의 정보를 제공한다.
9. 아내에게 자랑스러운 남편이 되도록 노력한다.

■ 아내가 꼭 알아두어야 할 9계명 - 남편에게 잘하자!

1. 남편의 식생활, 운동 등 건강에 관심을 갖는다.
2. 명랑한 표정과 아름다운 모습으로 남편을 대한다.
3. 부부싸움은 절대 하지 않는다.
4. 유머감각 있는 대화로 웃음 가득한 결혼생활을 유지한다.
5. 사랑스러운 언어와 표현으로 남편을 편안하고 행복하게 한다.
6. 남편의 능력을 인정하고 잘한다고 용기를 준다.
7. 남편의 일거일동을 존중하고 존댓말을 사용한다.
8. 남편을 통해 사회의 지식과 정보를 얻도록 한다.
9. 남편에게 자랑스러운 아내가 되도록 한다.

>>> 영적 건강과 사회적 건강　　　　　5장

한없이 무조건 믿어라

믿는 도끼에 발등 찍히지 않는다
왜, 무엇을 위해 사는가?
사회가 건강해야 개인도 건강하다
애정과 조건의 함수
절제하면 오히려 넉넉해진다
남편이 할 일, 아내가 할 일
자녀문제는 아무리 사소해도 상의하자
시어머니와 친정엄마는 분명히 다르다

남편은 기본적으로 아내의 '신뢰'와 '믿음'에
힘을 얻고, 아내는 남편의 '관심'과 '표현'으로 살아간다.
- 김용삼

진정한 결혼은 상대와 동일성을 인식할 때 완성된다.
결혼에서 육체적인 하나되기는 그 정신적 하나되기를
확증하는 순서에 지나지 않는다.
-『신화의 힘』에서

요코와 내가 만나기 전에 우리는 반쪽짜리
인간이었다. 우리는 함께 있을 때 비로소
완전한 인간이 되었다. 사랑조차 우리 두 사람
사이를 비집고 들어올 수 없었다.
-존 레논

> 믿는 도끼에
> 발등 찍히지 않는다

▌영적 건강도 관리가 필요하다

마음과 정신과 영혼 사이에 구별은 있으되 엄격하지 않다. 따라서 건강의 정서적·정신적·영적 측면을 엄밀히 구분하기는 어렵다. 이는 모두 신체적 건강에 대한 정신적 건강의 범주라고 할 수 있다. 정신이 건강하다는 말은 정서적으로 안정되고 도덕적으로 바르다는 뜻을 포괄하고 있다.

그럼에도 영적 건강을 정신적 건강으로부터 구분한 것은 실제 건강관리에서 그 필요성이 생겼기 때문이다. 만성퇴행성 질환이나 암 같은 불치병을 앓는 이들이 증가하면서, 삶과 죽음의 문제는 환자나 의료인 모두에게 중요한 의미가 되었다. 불치병에 걸렸다 해도 살아 있는 동안은 편안하고 즐거워야 하기 때문이다. 영적 건강관리가 잘되면 불치병을 회복하는 데도 매우 효과적이며, 더 나아가 인간의 평상시 건강관리에도 도움이 된다.

영적 건강관리는 삶과 죽음, 인간의 존재가치, 인생의 목적 등에 대해 바른 생각을 가짐으로써 마음의 평화를 유지하고 신체의 고통을 이기며 몸을 튼튼히 하는 것이다. 본래는 고통받는 사람을 돕는 방법이지만, 스스로 건강을 관리하고 증진하는 방법이기도 하다.

영적 건강은 인생관, 도덕, 양심과 깊은 연관이 있다. 인간이 영적으로 편안하고 행복하려면 인생철학의 정립, 즉 가치관·신념·도덕심이 성숙해야 한다. 인생에 대한 성찰과 관조, 도덕적 떳떳함, 절대자에 대한 믿음과 의지는 사람을 건강하게 하고 영적인 힘을 준다. 그래서 영적 건강관리에 큰 몫을 하는 것은 종교다. 그렇다고 기복(祈福)이나 주술(呪術)에만 매달리면 오히려 영적 건강을 해친다는 것을 명심하자.

▌건강의 최고 경지는 믿음이 주는 건강

일반적으로 마음이 좋은 사람, 성격이 착한 사람은 영적으로 건강하다고 할 수 있다. 그런 사람을 우리는 '밝다'고 한다. 마음이 밝아야 표정이 밝고, 밝은 표정은 건강의 징표다.

사람의 성격은 천차만별이다. 선한 면이 있는가 하면, 악한 면이 있다. 그래서 사람을 선악으로 양분하기는 사실상 어렵다. 다만 전적으로 악하고 전적으로 선한 사람은 없다는 점과, 사람은 부단히 변한다는 점은 분명하다. 즉 사람은 누구나 도덕적 성숙을 통해 영적 건강을 증진시킬 수 있는 것이다.

도덕적으로 성숙한 인생관을 가진 사람에게는 믿음이 있다. 신에 대한 믿음일 수도 있고, 사람에 대한 믿음, 또는 자연의 섭리에 대한 믿음일 수도 있다. 이 믿음 때문에 그는 포용력이 있고 건강하다. 믿음이 주는 건강, 그것은 건강의 최고 경지다.

서로를 한없이 믿어야 부부

부부관계에서 믿음이란 상대에 대한 한없는 신뢰다. 미국에서 연구한 바에 따르면, 건실하고 행복한 가정의 바탕은 부부 사이의 신뢰라고 한다. 상대에 대한 신뢰 이상으로 부부관계의 건강함을 함축하는 말은 없다.

우리 부부는 얼마나 서로를 신뢰하는가? 나는 내 짝을 얼마나 믿고, 내 짝은 나를 얼마나 믿을까? 이 물음에 부부간의 신뢰가 '어느 정도'라고 대답한다면 문제가 있는 것이다. 무조건 한없이 믿어야 한다. 그렇지 않다면 앞으로는 그래야 한다.

이것은 영적 건강 차원에서 도덕심의 성숙, 올바른 인생철학의 정립을 위해 노력할 때 가능하다. 또한 영적 건강은 삶의 전 과정을 통해 서로 도와 형성해 나가야 한다. 깊숙한 이야기도 털어놓을 수 있는 부부 사이야말로 영적 건강의 증진에 더할 수 없는 촉매제다.

부부가 한없는 신뢰를 바탕으로 행복의 틀을 짜는 데는 3단계가 있다. 먼저 가치기준을 공유하고, 이로써 인생관과 세계관을 공유하며, 이를 도덕적으로 떳떳한 경지에 높이 세우는 것이다.

> 왜, 무엇을 위해 사는가?

▌부부, 생각이 다르다

"빚까지 내면서 꼭 해외여행을 가야 돼요? 지금부터 조금씩 모아서 내년에 가요."

여름휴가 성수기에 굳이 해외여행을 가고 싶다는 남편이 아내는 영 못마땅하다. 남편이 주식투자에 실패한 탓에 지게 된 3천만원의 빚을 반도 못 갚아 신용카드로 한달 한달 살고 있는 형편에서 해외여행을 제안하는 남편을 도무지 이해할 수 없다.

"알아, 안다고. 근데 정말 가슴이 답답해. 넓게 펼쳐진 바다에서 며칠 쉬고 나면 다시 힘이 생길 것 같아. 갔다 오자. 돈은 또 벌면 되지. 지금도 열심히 일하고 있잖아."

아내도 알고 있다. 남편이 투자에 실패했을 때 원형탈모증까지 생길 정도로 힘들어한 것도, 그리고 돈을 갚으려고 얼마나 노력했는지도, 신용카드 현금서비스로 생활비를 쓴다는 것이 얼마큼 스트레스를 받는지도 모두 알고 있다.

그러나 아내는 남편이 문제를 해결하기보다 도피하고 싶어한다고 판단했다. 300만원이나 들여 4박 5일의 해외여행을 하고 온다고 뭐가 달라지겠는가. 돌아오면 역시나 힘들고 어려운 상황이 똑같은 모습으로 기다리고 있을 것이 분명하다. 빚만 늘 뿐인 것이다.

남편의 생각은 달랐다. 아직 나이가 젊고 한순간 실수를 했지만 충분히 열심히 일했다. 여건이 허락할 때까지 기다리면 평생 못 가게 될 것이다. 아내는 여행경비를 조금씩 모아서 떠나자고 하지만, 먼저 갔다 오고 또 돈은 벌면 되지 않는가 말이다.

부부는 좋아하는 여행지도 달랐다. 아내는 여행이란 많이 보고 배울 수 있어야 한다고 여기는 반면, 남편은 바다가 보이는 휴양지에서 편히 쉬는 게 진정한 여행이라고 생각했다.

이런 사소한 견해 차이로부터 인생관에 이르기까지 부부는 숱한 가치관의 갈등을 겪는다. 남편과 아내, 누구의 생각이 옳고 그른지는 개인적 가치기준이 다르기 때문에 누구라도 명확히 판단내리기는 어렵다. 이 때문에 부부간에 가치관이 대립하면 해결방법을 찾기 힘들다. 서로 옳다고 생각하기 때문이다.

▌삶에 대한 끊임없는 질문

부부의 인생철학은 아내와 남편의 인생관을 기초로 이루어지지만, 단순한 결합 이상의 의미가 있다. 인생철학은 삶의 경험이 많아질수록 그 경험들을 토대로 발전하고 성숙하는데, 부부가 되면 부부의 삶이라는 영역을 공유하기 때문이다.

남편과 아내는 상대의 반듯한 인생관을 존중하고 본받으며, 수용할 수 없는 부분은 상대의 자긍심을 다치지 않도록 자연스럽게 좋은 방향으로 이끌어야 한다. 이런 일은 일상생활 가운데 가치기준을 공유하는 과정 속에서 이루어진다.

"집이 이만하면 됐지, 굳이 더 큰 집으로 이사를 가자고 하는 이유를 모르겠어요."

"왜 우리가 부모님을 모시고 살아야 하죠?"

부부간이니까 스스럼없이 말하는 중에 가치관의 갈등이 나타난다. 부부는 의사소통을 통해 서로의 의견을 조정하면서 가치관이 일치하게 되고, 나아가 인생관이 같아진다.

결혼할 때는 많은 대화를 통해 서로의 인생철학을 맞추어본다. 왜 사는지, 무엇을 위해 사는지, 추구해야 할 가치는 무엇인지, 어떻게 살아야 하는지, 도덕과 양심은 무엇인지……. 서로가 비슷하다는 것을 알고 좋아하게 되며, 그래서 믿음을 가지고 평생을 같이 살기로 결정한 것이다. 부부생활을 하면서도 끊임없이 질문을 던져야 한다. 왜 사는지, 무엇을 위해서 사는지, 무엇이 중요한지…….

▎가치기준과 인생철학을 공유하라

건강하고 행복한 부부관계를 위해서는 부부가 서로의 인생철학을 확인하고 서로를 북돋워 성숙한 인생관을 갖도록 노력해야 한다.

부부간의 건강한 관계를 형성하는 데에는 인간, 사물, 사회현상에 대한 가치판단이 매우 중요하게 작용한다. 왜냐하면 가치판단에 의해 옳고 그름이 결정되고, 행동의 선택이 이루어지기 때문이다.

친구관계에 높은 가치를 두는 사람은 친구를 사귀고 만나는 일이 즐거울 것이다. 스포츠에 가치를 두는 사람이라면 스포츠를 즐기는 일에 많은 시간과 노력을 투자할 것이다. 또 물건을 소유하는 것에 가치를 두는 사람은 좋아하는 물건을 사기 위해 돈을 벌려고 할 것이다.

아이의 교육문제에서도 부부의 가치판단은 크게 작용한다. 승부욕이 있는 부부라면, 아이의 경쟁심을 길러주는 것이 우선순위일 것이다. 반면 더불어 사는 것을 더 소중하게 생각하는 부부라면, 아이에게 협동심을 먼저 가르칠 것이다. 때로는 이런 문제 때문에 부부가 심한 갈등을 겪기도 한다.

이처럼 부부는 수시로 합의된 결정을 내려야 할 때가 많다. 그러므로 부부는 세상을 보는 관점을 공유하도록 노력해야 한다. 세계관과 인생관은 표리의 관계라고 할 수 있다. 가치판단의 기저가 되는 옳고 그름의 기준이 같아지면, 서로의 결정 또한 같아지므로 부부 사이에 누가 결정을 하더라도 갈등이 없게 된다.

▌무엇이 옳은가, 떳떳한 인생을 즐기자

건강은 가치기준과 꽤 가깝게 관련되어 있다. 무엇이 옳은 것이고 그른 것인지, 무엇이 중요하고 중요하지 않은지, 무엇이 도덕적이고 부도덕한지에 대한 믿음이 영적 건강에 연관되어 있다. 인간은 자신의 가치체계에 따라 삶을 어떻게 살 것인가에 대한 결정을 내리게 되는데, 그 가치체계가 사회적 정의나 도덕과 일치할 때 떳떳함을 느낀다.

부부는 배우자가 세상을 떳떳하게 살도록 서로 도와주어야 한다. 그래야 건강하다. 부부간의 신뢰도 자연스럽게 생긴다. 도덕적으로 성숙한 자신의 짝, 세상에 부끄러움이 없는 배우자라면, 얼마나 자랑스럽고 믿음직스럽겠는가.

그러자면 부부가 높은 수준의 인생관과 세계관을 공유해야 한다. 높은 수준이란 어렵고 고상해 보이는 말로 꾸며진 인생관이나 세계관을 말하는 것이 아니다. 그 도덕적 수준을 말한다.

지적 수준은 높으나 도덕 수준은 낮아서 어둡고 차갑게 살아가는 사람들이 있다. 반면 지식수준은 낮아도 떳떳하게 살면서 인생을 밝고 따뜻하게 즐기는 사람들도 있다. 사회적 지위의 높고 낮음이나 재력의 많고 적음이 행복과 불행을 결정짓지는 못한다.

어떤 사람들은 세계의 궁극적 본질에 대해 성찰하고 신앙이라고 부르는 삶의 영적 영역을 추구한다. 신념이란 생각, 행동, 희망, 꿈 등에 의미와 목적을 부여하는 총체적인 것으로 인간의 중심을 말한다. 신념이 확고하면 상대에게 무한한 사랑과 신뢰를 줄 수 있다. 부부가 함께 신념을 공유하는 삶을 산다면, 더이상 건강할 수 없는 멋진 삶이다.

사회가 건강해야
개인도 건강하다

삶에 대한 만족도

사회는 구성원들의 건강 환경을 구성한다. 따라서 사회의 건강은 개인의 건강에 큰 영향을 미친다. 안정과 활력이 있으며, 서로 믿고 사는 건강한 사회는 개인의 건강에 좋은 역할을 한다.

사회건강과 개인의 건강이 어떤 관련이 있는지에 대해 다양한 측면에서 연구가 활발히 진행되고 있지만, 여기에서는 개인건강의 사회적 측면을 살펴보고자 한다.

개인의 사회적 건강이란, 그 개인이 여러 삶의 영역에서 만족감을 느끼는 상태다. 직업·가정·이웃, 그리고 정치적·종교적·예술적 활동 등에 대한 주관적인 만족, 즉 삶에 대한 만족도가 사회적 건강의 지표다.

신체적·정서적·정신적·영적 건강상태는 이러한 삶에 대한 만족도를 반영한다. 만족도가 높으면, 즉 사회적 건강이 좋으면 신체적·정서적·정신적·영적 건강에 도움을 주겠지만, 그렇지 않을 때는 개인의 건강에도 나쁜 영향을 미친다.

▍안정감은 사회적 건강의 핵심

 삶에 대한 만족도라는 폭넓은 지표 대신, 좀더 구체적인 사회적 건강 지표를 살펴보자. 사회통합과 그 결과로서의 사회적 안정감이 바로 그것이다.
 어떤 사람이 있다. 그는 사회의 공동가치를 인정하고, 그 가치를 실현하기 위해 활동한다. 그리고 공동체가 부여한 역할을 수행하려면 서로 도움을 주고받아야 한다는 생각으로 서로에게 충실하다.
 그렇다면 그는 사회에 훌륭하게 통합된 사람이다. 이런 사람이라면 자신의 삶이 만족스러울 것이고, 따라서 사회적 건강을 성취했다고 할 수 있다. 동시에 정서적 안정감, 정신적 자긍심, 영적 도덕감을 얻은 상태이기도 하다. 이때 그는 여러 사회관계 속에 안정되어 있다. 안정감은 건강의 징표다.
 그런데 사회의 공동가치가 불분명하거나 급변하거나 상충하는 경우에는, 개인과 사회의 통합에 혼란이 생긴다. 따라서 사회적 건강을 지키기 힘들 수밖에 없다.
 개인으로서는 사회체계에 많이 참여할수록, 사회에서의 역할이 다중적일수록, 다시 말해 사회단체활동이 활발할수록 사회적으로 건강하다. 미국에서의 연구에 따르면 이러한 요인이 신체적 건강과 정신적 건강 모두에 긍정적인 영향을 준다고 한다.
 만일 공동가치가 대립한 경우라면, 어느 쪽이 옳든 자기가 옳다고 생각하는 쪽에 열심일수록 건강하다.

가치관의 혼란이 부부관계를 어렵게 한다

사회적 건강을 유지하고 증진하는 데에도 부부관계는 긍정적으로 작용한다. 일반적으로 기혼자는 미혼자보다 자기 삶에 대한 만족도가 높다고 한다. 기혼자가 사회통합을 수용하는 능력이 더 크고 사회적으로 안정적이기 때문일 것이다.

그러나 사회적 안정감은 부부마다 다르다. 특히 우리 사회처럼 급격한 변화의 소용돌이를 경험하는 경우에는 부부가 함께 얼마나 노력하느냐에 따라 차이가 크다. 사랑으로 출발한 결혼생활도 뜻밖의 어려움에 처할 수 있는데, 그것은 가치의 혼란과 관계되는 경우가 많다.

사람은 특정한 시대의 특정한 공간, 즉 특정한 사회에서 살아간다. 그 속에 존재하는 공동의 가치는 사회제도 · 가족제도 · 인습 · 사고방식 · 생활습관 등에 담겨 사람들을 규제한다.

그런데 사회가 급변하면 전통적인 가치와 새로운 가치가 공존하게 되고, 상당부분 서로 상충하기까지 한다. 이는 직접적으로 부부관계를 어렵게 만드는 요인이 되기도 한다.

현대를 사는 부부는 이러한 객관적 현실을 직시해 부부가 함께 슬기롭게 대처해야 한다. 그 자체가 이 시대를 사는 부부의 보람이기도 한 것이다.

애정과 조건의 함수

▌결혼의 조건에 대한 3가지 생각

'결혼의 조건'에 대해 생각하다가 문득 제자들을 떠올렸다. 세 명의 제자는 서로 절친한 친구 사이였다.

A : "나는 사랑하는 사람과 결혼할 거야. 돈이야 있으면 좋지만, 뭐 그게 중요한가? 뜨겁게 사랑한다면 불 꺼진 방도 괜찮을 거야."
B : "얘는, 그래도 돈이 있어야지. 결혼해서 사랑이 식으면 돈이라도 있어야 하지 않겠어? 난 사글셋방 같은 데서는 못살 것 같아."
C : "난 사랑과 돈을 다 고려할 거야. 내 원칙은 돈 없는 남자와는 절대 만나지 않는다, 부잣집 남자 중에서 사랑하는 사람을 고른다, 이거야. 괜히 가난한 남자와 눈이 맞아서 영화 찍기도 싫고. 부자라고 해서 다 나쁜 건 아니잖아. 부잣집 남자만 만나다보면 분명 사랑에 빠질 만한 남자가 나타날 거야."

이들 중에 A가 가장 먼저 평범한 집안의 사랑하는 남자와 결혼했고, B는 치과의사와 결혼했다. C에 대한 소식은 들은 적이 없다. 지금쯤 30대 중반이 되어 있을 그들은 어떤 모습일까? 모두 행복할까?

살아보면 다르다

 약혼이나 신혼 시절에는 사랑이 두 사람의 행복을 결정하는 유일하고도 절대적인 요소로 생각하는 사람들이 많다. 다른 것들은 있으면 좋고, 없어도 그만이라는 것이다. 반면에 직장이나 재력, 용모 등을 중시한 나머지 사랑을 충분히 확인하지 않은 채 결혼부터 하는 사람들도 있다.

 한쪽은 사랑을 너무 크게 생각했고, 한쪽은 사랑보다는 조건을 너무 크게 생각한 경우다. 이런 사람들 중에는 살아보니 생각 같지 않더라며 씁쓸해하는 경우가 많다. 무엇이 잘못되었는가? 결혼처럼 중대한 일을 좀더 신중하고 진지하게 생각하지 못하고, 가볍게 처리한 데 문제가 있다. 그 때문에 벌을 받는 것이다.

 결혼에는 두 사람의 사랑이 가장 중요하다. 그러나 이것만이 절대적인 것은 아니다. 사회제도 · 가족제도 · 인습 · 사회관계 등은 두 사람의 사랑만으로는 어떻게 해볼 수 없는 것들이다. 이런 요소들 때문에 결혼생활이 파국으로 치달을 수도 있다. 그것들을 잘 활용하기만 하면 사랑이 더욱 깊어질 수 있다.

 객관적인 조건은 생각하지 않고 뜨거운 사랑만 믿고 결혼했다가는 큰 불행에 빠질 수 있다. 뜨거움을 계속 유지하고 간직할 수 있는 준비가 돼 있어야 한다.

 객관적인 조건만 따져보고 결혼했다가, 살아가면서 생길 줄 알았던 사랑이 생기지 않아 실망하는 사람도 있다. 끊임없이 상대를 갈구하던 연애시절의 뜨거운 사랑도 식어버리는 판이다. 사랑의 불씨를 만들기조차 쉽지 않다는 것을 알아야 한다.

그러면 어떻게 할 것인가? 잘못 선택했다고 갈라서야 한단 말인가? 그러나 갈라서는 것만이 능사는 아니다.

과정이야 어쨌든 기왕에 부부가 되었다면, 자신들이 처한 현실을 함께 점검하고 새로운 활로를 찾아야 한다. 즐거운 부부관계, 활기찬 삶을 열어가기로 다짐하고, 다른 부부들보다 훨씬 많은 노력을 기울여야 한다. 그러면 새로운 삶이 열릴 것이다. 이 역시 사람이기 때문에 가능한 일이다.

절제하면 오히려 넉넉해진다

▌한 번의 선택이 10년을 좌우한다

두 벌의 싸구려 옷보다 한 벌이라도 제대로 된 옷이 낫다고 생각하는 아내가 있었다. 일면 타당해 보이는 사고방식을 가진 아내는 혼수품을 장만하면서 결정적인 실수를 저질렀다.

"한 번의 선택이 10년을 좌우한다."는 말을 절대 신봉하는 아내는 10년 동안이나 쓸 제품이므로 최고로만 구입했다. 냉장고도 세탁기도 가스레인지도 모두 초대형으로, 큰집으로 이사할 것을 대비해 텔레비전과 침대도 대형으로 사들였다.

문제는 신혼집을 꾸밀 때부터 드러났다. 초대형 제품들은 18평형 아파트에는 너무도 컸다. 가스레인지가 들어가지 않아 싱크대를 뜯어냈고, 냉장고는 문짝을 떼고서야 현관문 안으로 들어갔으며, 킹 사이즈의 침대를 넣고 나니 장롱문도 열리지 않았다.

결혼한 지 9년이 지난 지금, 그녀는 22평형 아파트로 이사를 갈 수 있었으나 여전히 초대형 제품들은 버겁기만 했다. 작은 집에 어울리지 않게 텔레비전 화면이 너무 커서 오히려 화면을 작게 만드는 기능을 사용하고 있다.

그녀에게 10년은 너무도 긴 세월처럼 여겨졌고, 몇 년이 지나면 큰 아파트로 이사갈 수 있다고 생각한 것이다. 그런데 그녀는 엉뚱하게도 자신의 잘못된 판단을 남편 탓으로 돌렸다. 넓은 집을 구하지 못할 정도로 가난한 남자, 능력 없는 남자와 결혼해서 그렇게 되었다는 것이다.

구체적으로 검토되지 않은 그녀의 막연한 계획은, 결국 10년을 생각하며 산 제품들을 9년이나 애물단지가 되도록 만들었다. 뿐만 아니라 남편에 대한 원망은 그를 불행하게까지 했다.

▌누구나 넓은 집에서 살고 싶어한다

결혼하면 생활에 필요한 집과 살림살이를 마련하는데, 이때는 두 사람이 부담할 수 있는 범위에서, 그리고 웬만큼 만족할 만한 수준에서 해야 한다. 여기서 분명히 해야 할 것은, 집이나 살림살이의 노예가 되어서는 안 된다는 것이다.

일터에서 멀고, 가족 수에 비해 지나치게 넓으며, 자신들의 경제력으로는 부담스러운 집이나 살림을 마련했다가 힘들어하는 사람들이 있다. 값비싼 도자기를 사다놓고 부주의로 깨뜨리지 않을까, 도둑맞지는 않을까 불안해한다면, 이 도자기는 가정의 건강에 전혀 도움이 되지 않는다.

크고 넓은 집에서 살고 싶지 않은 사람은 없을 것이다. 하지만 여러 가지 사정 때문에 작은 집에서 살면서, 불평만 늘어놓는다면 어떨까? 작은 집에서 사는 불편을 성취동기로 삼아 더 나은 미래를 꿈꾸며 열심히 노력한다면 좋은 일이지만, 그 상황에 짓눌린다면 큰 문제가 아닐 수 없다.

집이나 살림살이들은 가정생활을 풍요롭게 하기 위해 만들어진 것이다. 그런데 많은 사람들이 집이나 살림살이 때문에 불편을 느끼며 산다. 지금 사는 집이나 살림살이 때문에 불편한 것이 아니라, 더 갖고 싶은 욕심 때문에 불만스러운 것이다.

작은 집에서 살 수밖에 없는 사람은 그 상황을 자연스럽게 받아들여야 한다. 주어진 여건에 감사하고 편안함을 느낄 수 있어야 한다. 이렇게 가정건강을 해치지 않으면서 더 나은 미래를 설계하고 목표 달성을 위해 노력하는 지혜가 필요하다.

더욱이 물질이 부족해 느끼는 불편을 남편의 경제적 능력 탓이나 아내의 지혜롭지 못한 살림 탓으로 돌린다면 이런 부부는 둘 다 불행해진다. 돈을 벌거나 살림을 관리하는 데는 사람마다 소질이 다르다. 이를 서로 인정하고 부족한 부분은 서로 메워주도록 노력하는 것이 모두의 건강을 위해 좋다.

▍여유롭고 안정된 생활을 위한 조건

건강하고 행복한 가정생활을 해나가려면 경제적으로 뒷받침이 되어야 한다. 이 때문에 많은 사람들이 수입원인 직업을 갖고 있다.

소득수준과 건강은 깊은 상관관계가 있다고 한다. 경제적 안정이 건강에 큰 영향을 주는 것이다. 그러나 높은 소득수준이 곧바로 경제적 안정을 의미하는 것은 아니다.

경제적 안정을 결정하는 것은 수지의 균형이다. 수지의 균형을 이루지 못하면 수입이 많아도 경제적 여유는 생기지 않는다. 계획적이고 규모 있는 지출을 할 때 경제적으로 안정된 가정생활을 할 수 있다. 수입보다 지출이 많으면 가정생활이 불안정해진다. 절제할 줄 모르면 평생 돈의 노예가 되어 허덕이게 된다. 주어진 수입 안에서 여유 있게 살아가는 습관을 기르자. 이는 결혼 초부터 철저히 실천해야 한다.

부부는 가정의 수입에 따른 지출예산을 서로 합의해 세워야 한다. 지출예산을 짤 때는 전체 수입 중 남편과 아내와 아이들의 용돈, 한 달 생활비 등을 정한다. 그리고 예산 내에서 각자가 규모 있게 쓰고 남는 돈은 자기 통장을 만들어 관리하는 게 좋다.

이미 배정된 예산의 지출은 서로 간섭하지 않으며, 그 사람의 씀씀이를 고려해 다음달 예산에 반영한다. 그러면 가족들은 모두 돈을 규모 있게 쓰는 법을 배울 수 있고 돈과 관련된 분쟁도 생기지 않을 것이다.

남편이 할 일, 아내가 할 일

▎나는 하는데 당신은 왜 못해요?

"왜 매일 설거지는 내가 해야 돼? 오늘은 당신이 좀 해요."
"대신 청소하잖아."
"청소만 하잖아요. 내가 하는 일이 얼마나 많은 줄 아세요?"
"나만큼만 하라 그래요. 회사에서도 얘기 들어보면 나처럼 도와주는 사람 없어요."
"도와주다니요! 이게 온통 내 일인데 당신이 도와주는 거예요?"
"또 왜 그래요? 난 정말 설거지는 못하겠다고."
"나는 하는데 당신은 왜 못해요?"
"그럼 당신은 왜 무거운 거 나한테 들어달라고 해요? 남자와 여자가 똑같으면 당신이 들지."

집안일에 대해 대부분의 부부는 서로 다른 생각을 갖고 있다. 최근 모 대학 학보사에서 발표한 설문조사를 보면 그 차이가 부부뿐 아니라 남녀의 근본적인 생각의 차이라는 사실이 더욱 명확해진다. '이성 이미지'에 대한 설문조사였는데, '이성이 가장 마음에 안 들 때'라는 질문에 여학생의 30.6%가 '여성 차별적인 발언을 할 때'를 꼽았다. 반면 같은 물음에 대해 60.4%의 남학생들은 '여성의 권리를 주장하다가 힘든 건 남자 시킬 때'를 가장 많이 꼽았다.

여성은 차별을 인정하고 싶지 않고, 남자는 아무리 부정해도 차별을 인정하고 싶은 마음이 바탕에 깔려 있다고 볼 수 있는 것이다.

세상은 많이 변했다. 남편은 가족의 생계를 책임지고, 아내는 집안일을 전담하는 식의 역할분담은 설득력을 잃어버린 지 오래다. 그러나 여전히 그 사고방식은 우리 사회를 지배하고 있다.

결혼하면 뭐가 가장 좋겠냐고, 미혼남성들에게 물어보라. 아마 그가 자취 생활이 지긋지긋한 노총각이라면, 대뜸 아내가 밥과 빨래를 해주는 것이라고 대답할 것이다. 반대로 혼자 사는 데 익숙한 미혼여성에게 물어보라. 결혼하기 망설여지는 이유가 뭐냐고. 농담 반 진담 반, "남자 뒤치다꺼리가 싫어서."라고 대답할 것이다.

▎일의 분담에도 사랑이 전제되어야 한다

결혼식이 끝나는 순간부터 신혼부부 앞에는 같이 해야 할 일이 수없이 전개된다. 여행가방은 누가 들 것인지, 신혼여행 경비는 누가 관리할 것인지, 가방에 넣어온 옷은 누가 꺼내 걸 것인지 등 시시하고 자질구레한 일들이 기다리는 것이다. 집안일 역시 이처럼 생활에 꼭 필요하면서도 대수롭지 않은 것들이다. 그래서 소홀해지기 쉽다. 일방적으로 일을 떠맡은 쪽만 불만이 쌓일 수밖에 없다.

사회가 급변하면서 남녀의 전통적인 역할구분이 의미가 없어졌고, 그에 따라 가정에서의 배우자에 대한 기대도 달라졌다. 이 때문에 일이 조화를 이루면서 자연스럽게 분담되기 어려워졌다.

그러므로 연애기간이나 결혼한 후에도 삶의 과정 전체에서 무수히 발생하는 일들을 누가 하는 것이 가장 바람직한지 확인해야 한다. 남편이 돈버는 데 소질이 적으면 아내가 이를 도와 같이 수입을 높이도록 하고, 아내가 살림하는 게 서투르면 남편이 도와야 한다.

남편이 할 일과 아내가 할 일이 고정되어 있는 것이 아니다. 전통적인 성역할만 고집할 것이 아니라 상대의 자긍심을 건드리지 않으면서 아주 자연스럽게 서로의 역할을 보완해주는 게 좋다. 이러한 과정에서 중요한 것은 어떤 일이든지 상대가 해주기를 기대하기보다는 상대를 위해 자신이 먼저 하겠다는 자세가 중요하다. 자신이 먼저 상대를 위해 무엇이든지 감당하려고 할 때 상대도 무엇이든지 해주려고 한다.

여기에는 서로 사랑하고 서로를 만족스럽게 해주겠다는 마음과 정성이 있어야 한다. 부부는 사랑으로 맺어진 사이이므로 가정에서의 일을 분담할 때도 사랑이 전제되어야 조화를 이룰 수 있다.

남편과 아내는 기대부터 다르다

우리는 지금 남자가 당당히 전업주부라고 밝히는 시대에 살고 있다. 이들은 남자는 집안일을 체질적으로 못한다는 고정관념을 깨주었고, 가사노동은 남자가 하기에도 버거운 것이라는 것을 증명해주었다.

 그런데도 옛날 방식만 고집하거나 바뀐 사회에 적절히 적응하지 못해 조화를 이루지 못하는 부부들이 있다. 조화를 잘 이루다가도 가끔 문제에 부딪히기도 한다. 이런 경우는 대개 서로의 역할에 대한 기대가 다르기 때문이다. 남편이 아내에게 바라는 것과 아내가 생각하는 것이 다르고, 아내가 남편에게 기대하는 것과 남편의 생각이 서로 다르니 문제가 생길 수밖에 없다.

 서로의 기대와 생각이 일치하려면 부부 사이에 의식적인 노력이 필요하다. 무엇이 부부생활에 끼어들어 문제를 일으키는지, 어떻게 하는 것이 좋은지 함께 연구하고 풀어나가야 한다.

 급변하는 사회에서는 역할 모형도 다양하다. 어떤 모형이 더 좋다, 나쁘다고 단정짓기 어렵다. 어떤 것이 옳다고 할 수는 더더욱 없다. 자기 부부에게 맞는 모형을 고르거나 그 모형에 잘 맞도록 자신들을 바꾸어나가야 한다. 상대의 입장이 되어보고, 부부의 공동의 삶을 확인해보면, 길이 보일 것이다.

 가끔 역할과 기능, 가사분담이 서로 만족스러운지 점검해보자. 그리고 파도를 타듯 사회변화에 즐겁게 적응하자.

자녀문제는 아무리 사소해도 상의하자

▍아이들은 어른의 거울이다

　자녀는 부부의 소중한 작품이다. 생김새만이 아니라 마음과 행동도 닮는다. 부모는 자녀의 성격 형성에 매우 중요한 환경이 된다. 옳고 그름의 판단을 위한 도덕심의 성숙, 삶에 대한 올바른 가치판단과 신념을 위한 인생철학의 정립, 삶과 죽음에 대한 올바른 인식은 부모에게서 보고 느끼고 실천한 그대로 이루어진다.
　아이들은 부부뿐만 아니라 가족 모두의 일거수일투족을 그대로 닮는다. 특히 아이들은 좋지 않은 것을 먼저 배우는 경향이 있다. 그러므로 아이가 어떻게 성장하면 좋을지 바라는 대로 가족 모두가 실천해야 한다.
　아이들이 잘못되면 아이를 탓하기 전에 자신과 부부간의 관계를 먼저 돌아보고, 잘못된 부분을 찾아 그것부터 고쳐야 한다. 부부가 아이에게 멋진 귀감이 될 때 자녀양육도 바람직하게 이루어진다.

▎자녀양육은 공동의 문제

　자녀는 부부관계의 촉매 역할을 한다. 자녀 문제가 부부관계에 심각한 영향을 미치는 경우가 많다. 그렇다고 자식이 잘되면 부부관계가 좋아지고, 자식이 잘못되면 부부관계가 나빠지는 것만은 아니다. 곤경에 처한 자녀를 구하기 위해 노력하다가 부부관계가 돈독해지는 경우도 많다. 그것이 정상이고 옳은 일이다.

　자녀의 성격 · 행동 · 학업 등이 못마땅하다고 다투는 부부는 대개 육아와 교육을 아내가 전담하고 남편은 오로지 돈만 벌어다주는 경우다. 자녀문제는 참으로 중요한 공동의 문제다. 그런데도 요즘 남편들은 아내보다 학식도 많고, 사회경험과 세상을 보는 눈도 뛰어나면서도, 자녀 양육은 아내에게 떠맡기고 자신은 모르는 체하기 일쑤다. 그리고도 자녀가 훌륭하게 성장하기를 기대한다면 지나친 욕심이 아닐까?

　더욱이 자녀가 마음에 흡족하게 성장하지 않은 책임을 아내에게 추궁함으로써 부부관계를 악화시킨다면 이는 무책임한 일이 아닐 수 없다. 작은 부분까지 상의해 부부가 함께 자녀를 길러야 한다. 그래야 바르게 잘 자라는 아이들을 보는 기쁨도 크고, 혹시 자녀가 바르게 자라지 않더라도 어떤 문제가 있는지 알기 쉬워질 것이다.

▍자녀는 그들의 시대에서 그들의 삶을 산다

　부부가 함께 노력해도 자녀문제로 가정의 안정이 깨지고, 집안 분위기가 한없이 무거워질 수 있다. 성적을 비롯해 대개 학교에 관련되는 일 때문일 것이다. 혹시라도 자녀에게 무리한 요구를 하고 있는 것은 아닌지, 그래서 자녀를 무능하게 만들고 있지는 않은지, 더욱이 그로 인해 자녀의 장점이 묻혀버리지는 않은지 생각해보자.

　자녀는 그들의 시대에서 그들의 삶을 산다. 자녀의 일생을 두 부부가 대신 살아줄 것처럼 하고 있는 것은 아닌지 생각해봐야 한다. 혹 그렇다고 느껴지거든 부부만의 새로운 생활을 찾으라. 그리고 자녀에 대한 간섭을 먼발치의 관심으로 바꾸어보라. 그러면 하마터면 잃어버릴 뻔한 자녀를 다시 찾은 기쁨을 얻을 것이다. 자녀들이 명랑하고 화목한 가정에서 제 나름의 몫을 훌륭히 해내는 인재로 쑥쑥 자라줄 것이다.

시어머니와 친정엄마는 분명히 다르다

▌시어머니와 친정엄마의 차이

야근한다고 하면, 시어머니는 "애들은? 애비가 애들 보고 있냐? 퇴근해서 피로할 텐데." 친정엄마는 "저녁은 먹었니? 일도 좋지만 너무 무리하지 마라."

남편이 음료수를 달라고 하면, 시어머니는 "애야, 냉장고에 주스 있다. 갖다 줘라." 친정엄마는 "내가 가져올게."

아이가 다쳤다고 하면, 시어머니는 "집에서 놀면서 애보는 것도 못하고, 뭐했니?" 친정엄마는 "놀랐지? 엄마가 갈까?"

입덧 때문에 꼼짝 못한다고 하면, 시어머니는 "그럼 집안일은 누가 하니? 우리 아들 너무 고생시키지 마라." 친정엄마는 "뭐 먹고 싶은 거 없니?"

모든 시어머니들의 이야기가 아니다. 일부 아내들의 경험을 토대로 극단적인 사례만을 예로 들어본 것이다.

아들이 개입하면 될 일도 안 된다

결혼은 두 당사자만의 결합이 아니다. 가족과 가족의 결합이다. 자연히 관계간의 입장 차이로 갈등이 일어나게 마련이다. 그중 고부간의 갈등은 며느리들로 하여금 숱한 눈물을 흘리게 했다.

요즘도 고부간의 갈등으로 괴로워하는 시어머니와 며느리, 그 사이에서 번민하는 남편이 많다. 잘못하면 부부관계가 파탄에 이를 수도 있다. 분명히 좋은 어머니요, 현숙한 아내인데도 이런 문제가 생긴다.

그러나 해결의 실마리는 있다. 사람이 나빠서가 아니라 서로 맞추지 못해 생긴 갈등이기 때문이다. 서로 눈치만 보면서 해결되기를 바라거나, 아들(혹은 남편)이 자기편이 되어 해결해주기를 바란다면, 씨앗은 뿌리지 않고 열매만 바라는 격이다.

상대의 자긍심을 존중하면서 자기의 의사를 분명히 표현하고 직접적인 의사소통을 시도해보라. 처음에는 다소 어색하고 반응도 부정적일 수 있지만 의외로 쉽게 풀릴 수 있다. 시간이 좀 걸려도 그게 해결의 지름길이다.

아들(혹은 남편)이 개입하면 일이 풀리기보다는 더욱 얽히고 고부간의 화합이 아니라 단절로 끝나기 쉽다. 한 남자를 두고 각기 좋은 인연으로 연결된 사이임을 생각해 두려워 말고 적극적으로 나서보라. 문제에 직접 부딪히면 갈등도 풀리고 남편의 사랑도 얻게 될 것이다.

▍친어머니처럼, 친딸처럼?

집 안에서의 역할이 중복되면 갈등이 생기기 쉽다. 갈등을 해결하려면 고부간의 역할분담을 모색해야 한다. 그리고 서로간의 기대를 현실적으로 조정해야 한다.

"친어머니처럼" 또는 "친딸처럼" 친밀한 관계를 기대하는 사람이 많은데, 이런 기대 자체가 잘못된 것이다. 심하게 말하면 자기기만이요, 상호기만이다.

시어머니가 친딸처럼 자상하게 대하는 것이 오히려 며느리에게는 부담이 될 수 있다. 비록 의도는 아름다우나 시어머니가 결코 친어머니일 수 없고, 며느리가 친딸일 수 없다. 그동안 살아온 환경이 다르다는 것을 인정해야 한다. 적당히 기대할 때, 상대가 자신의 기대에 부응해오는 기쁨을 맛볼 수 있고 정도 깊어지는 것이다.

요즘엔 시댁보다는 처가와 더 가깝게 지내는 것 같다. 앞으로는 장모와 사위의 갈등이 부부관계에 더 큰 영향을 줄지도 모른다.

▍받으려 말고 무조건 베풀어라

부모 이외에도 형제자매나 다른 친척들이 결혼생활에 영향을 주는 경우도 많다. 친척들과의 관계가 긍정적이냐, 혹은 부정적이냐에 따라 부부의 건강이 좌우된다는 말이다. 이는 부부와 자녀로 형성된 핵가족의 상위체계로서 부모·친척들이 존재하면서 서로 영향을 주고받는 관계이기 때문이다. 그러므로 부부가 건강하려면 친척과도 화목해야 한다.

　부모·친척과 화목하려면 인간관계의 일반적인 원리들을 적용해 좋은 관계를 유지하려고 꾸준히 노력해야 한다. 무엇보다도 물심양면으로 베푸는 것이 곧 받는 것임을 기억하자.

　상대가 내게서 무엇인가를 가져가려고 하면 주고 싶었던 것도 주기 싫어진다. 반대로 내게 무엇인가를 주려는 사람이 있으면 그가 주는 것을 받으려 하기보다는 내 것을 주고 싶어진다. 그러므로 부모·친척들에게는 무엇이든 받기보다는 주려고 해야 한다. 기대하지 않으니까 상대가 아무것도 안해줘도 섭섭하지 않고 오히려 편안해진다. 친척들도 나를 편안하게 느낄 것이다.

　하지만 자신이 감당할 수 있는 범위에서 정성껏 베풀어야 한다. 능력 이상으로 베풀면 뒷감당을 할 수 없다. 상대의 기대는 높아지고, 내 능력으로 그 기대를 만족시킬 수 없으니 불화의 원인이 되기 쉽다. 처음엔 서운할지라도 두고두고 화목할 수 있는 방안을 부부가 함께 연구해보는 것이 좋다.

EXTRA MESSAGE
김화중의 부부생활 9계명

■ 김화중의 부부생활 9계명

1. 서로의 건강을 보살펴준다(건강).
2. 서로 신뢰하고 약속은 꼭 이행한다(신뢰).
3. 서로 양보하고 배려한다(배려).
4. 서로 존경하고 칭찬한다(존경).
5. 상대의 단점을 내가 보완하고 장점을 계발해준다(능력).
6. 서로 사랑하는 표정과 언행을 계속 유지, 개발한다(사랑).
7. 새로운 정보를 나누면서 계속 대화한다(대화).
8. 서로에게 기쁨과 행복을 제공한다(스트레스).
9. 아름답고 멋진 모습의 부부가 되도록 서로 돕는다(영적 성장).

>>> 건강한 부부관계 전략 1　　　　　　6장

의사소통을 잘하자

신혼부부들은 자기 방식대로 표현한다
부부를 건강하게 하는 6가지 의사소통
존댓말이 부부 사이를 더욱 친밀하게 한다
부드러운 말 한마디가 마음을 움직인다
의사소통 수준이 부부건강을 결정한다

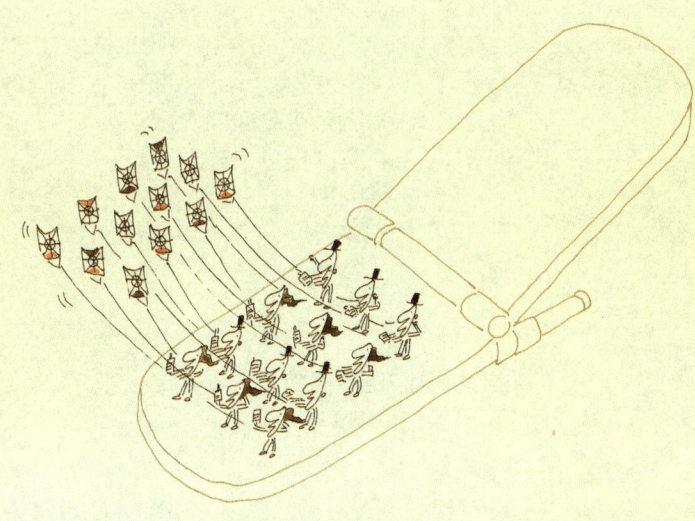

결혼은 기나긴 대화다.
자주 있는 말다툼은 거기에 색상을 부여한다.
―스티븐슨

사랑해서 결혼할 순 있지만 사랑만으로
결혼생활을 하기란 어렵다. 결혼은 작은 이야기들이
계속되는 긴긴 이야기다.
―피천득

사랑은 욕구와 감정의 조화이며,
결혼의 행복은 부부간의 마음이 화합했을 때
생겨난다.
―발자크

결혼생활에서 가장 소중한 것은 인내다.
―체호프

> 신혼부부들은
> 자기 방식대로 표현한다

▎의사소통이 잘되면 건강하다

　인간은 사회적 동물이므로 관계 속에서 살아간다. 인간관계의 가장 중요한 연결고리는 의사소통이다. 의사소통이란 사람 사이에 생활정보·감정·지식·가치·습관 등을 전달하는 방식이다. 자신의 의도를 상대가 기꺼이 받아들이도록 의사소통을 잘한다면 성공적인 사회생활을 할 수 있다. 부부간에도 마찬가지다. 의사소통이 잘되는 부부는 건강하다.

　신혼부부들은 그동안 배워온 대로 의사를 표현한다. 서로 다른 가정환경에서 자랐기 때문에 의사가 정확히 전달되지 않을 때가 많다. 그래서 예기치 못한 갈등이 생기기도 한다. 그러므로 결혼하면 의사소통의 수준이나 양상 등을 서로가 만족스러운 방향으로 바꾸어야 한다.

　한쪽이 일방적인 방식을 고집한다면 의사소통을 제대로 할 수 없다. 그러므로 서로의 의사소통 수준과 양상을 파악해 서로가 받아들일 수 있는 편안한 방법을 찾아야 한다.

　부부간의 의사소통 주제와 양상은 다음과 같이 구분해볼 수 있다. 현재의 의사소통 수준을 측정해보고 바람직한 쪽으로 설정해보자.

모든 걸 털어놓고 이야기하자

먼저 의사소통 주제를 살펴보자.

첫째, 가장 낮은 수준의 의사소통으로서 매일의 일상생활과 관계된 상투적인 대화다.

"밥 줘요."

"어디 가세요?"

이 유형의 의사소통은 일상생활의 먹고 자고 일하는 관계에서 꼭 해야 하는 부분만 대화하는 것이다. 이는 속마음을 터놓는 대화가 아니며, 모든 부부가 이 정도의 대화는 하고 산다. 그런데 이런 대화만 하고 사는 부부도 있다.

둘째, 부부 사이에 일어나는 일 이외의 상황, 즉 아이들, 부모님, 친척, 친구들에 관해 이야기하는 의사소통이다. 그들과의 이해관계에 관한 것, 혹은 그들에게 일어난 사건들을 말하는 것이다. 아이들이나 부모님에 관한 이야기가 많을 수밖에 없는데, 이런 대화도 핵가족이 되면서 많이 줄었다. 이웃이나 친척에 대한 관심이 줄어든 것이다.

셋째, 사회에서 일어나는 사건들에 대한 다양한 정보를 주고받으면서 자신의 생각이나 판단을 교환한다. 정보를 공유함으로써 부부가 어떤 결정을 내려야 할 때 쉽게 합의할 수 있다. 그러므로 남편은 아내가 이해하도록 직장업무에 관한 정보를 나눌 필요가 있다.

넷째, 대화중에 도덕·양심·사회적 정의에 관한 생각과 판단을 내비치는 것이다. 이는 부부가 어떠한 상황에 대해 판단하는 기준,

즉 가치관이 비슷할 때 원만히 이루어지는 수준 높은 의사소통이다. 부부는 항상 옳고 그름의 판단기준인 가치에 대해 의사소통을 해야 한다.

▌솔직하게 묻고 솔직하게 답하자

다음은 의사소통 양상에 관한 것이다.

첫째, 간단한 단어로만 나누는 의사소통이다. '상투적인 대화'와 같은 '사소한 이야기'로, 가벼운 잡담조로 의사소통하는 형태다.

둘째, 상대를 조종하려는 의사소통이다. 상대를 자기 의도대로 조종하려는 의사소통에는 2단계가 있다. 하나는 가벼운 조종으로서 자연스러운 지시·충고·경고·칭찬·설명·기대·염려를 표현하는 것이다. 다른 하나는 강한 조종으로서 공격적인 목소리로 자신의 방식대로 명령하고 비판하며 불평하는 의사소통 유형이다.

셋째, 상대의 사정을 알아보는 의사소통이다. 이는 편견 없이 정보를 모을 때 사실을 규명하기 위한 의사소통 방법이다. 예를 들어 '우울해 보이는구려. 오늘 무슨 일이 있어요?' 등의 대화로 상대와 의사소통하는 것이다.

넷째, 솔직하게 있는 그대로 표현하는 의사소통이다. 이는 문제해결, 생각의 공유, 긴장조절, 감정표현, 이해를 구하는 데 가장 효과적이다. 대화할 때 상대의 자긍심을 건드리지 않고 비난하거나 빈정거리지 않는다. 또한 상대를 조종하려는 의도도 없다.

부부간의 의사소통은 상대의 입장을 최대한 고려하면서 솔직하게 있는 그대로를 표현하는 것이 바람직하다. 아내나 남편을 강하게 조종하는 의사소통은 상대를 화나게 하거나 자긍심에 상처를 줄 수 있으므로 피하는 것이 좋다.

> 부부를 건강하게 하는
> 6가지 의사소통

▎상대의 말을 끝까지 듣자

첫째, 상대가 의사를 표현할 때에는 관심 있게 귀를 기울인다.

건강한 의사소통을 위해 가장 중요한 것은 듣는 것이다. 귀 기울여 듣는 것이야말로 부부간의 사랑을 위해 필수적이다. 그래야 서로를 이해할 수 있다.

상대의 말은 끝까지 듣자. 텔레비전이 부부간의 대화를 방해한다는 것도 알아야 한다. 어떤 때는 들어주는 것만으로도 문제해결에 도움이 된다. 의사소통은 상대의 의사를 신중하게 듣는 것부터 시작된다.

둘째, 상대의 의사에 반응한다.

이야기를 들으면 누구나 반응을 보인다. 그 반응은 긍정적일 수도 있고 부정적일 수도 있지만, 건강한 부부는 서로에게 긍정적인 반응을 한다. 상대의 말에 동의할 수 없을 때도 일단 받아들여서 대안을 제시한다. 즉각적인 거부반응은 상대의 자긍심에 상처를 줄 수 있으므로 피하는 것이 좋다.

셋째, 몸짓이나 표정에 담긴 의사표시를 잘 이해한다.

감정의 의사소통은 주로 비언어적이다. 건강한 부부들은 기호·

상징 · 몸짓 · 미소 등으로 관심과 사랑을 표현한다. 때로는 침묵이 긍정적인 표현방법으로 쓰이기도 한다.

▍상대를 시험하거나 말을 비꼬지 말자

넷째, 솔직하고 명백하게 표현한다.

건강한 부부들의 의사소통은 솔직하고 명백하다. 상대를 시험하거나 말을 비꼬거나 일단 부인하고 보는 언행은 피한다. 남편은 아내가, 아내는 남편이 무슨 말을 할 것인지 예견할 수 있다. 부부간에 긴밀한 유대감이 있기 때문이다. 그러므로 억지로 끌려가지 말고 자발적 · 능동적으로 의사소통을 하는 것이다.

다섯째, 자기에게 맞는 의사소통 방식을 개발한다.

사람들은 부모의 의사소통 방식을 흉내 내는 경향이 있다. 이렇게 익힌 의사소통 방법은 부부에 따라 맞기도 하지만 맞지 않은 경우도 있다. 맞지 않다면 바꾸어야 한다. 건강한 부부일수록 의사소통 방법에 문제가 있다고 판단하면 자신들에게 맞는 새로운 방법을 찾을 줄 안다.

여섯째, 충만한 사랑으로 의사소통을 자유롭게 한다.

건강한 부부는 웃으며 감정을 자유롭게 표현한다. 의사소통을 하고 나서는 서로 편안하고 사랑으로 충만할 뿐 아니라 자긍심도 높아진다.

의사소통 방법을 연구하자

부부관계를 형성하고 유지하는 데는 의사소통이 무엇보다 중요하다. 의사소통은 말뿐만 아니라 표정·몸짓·태도 등 다양한 방법으로 이루어진다. 이런 방법을 어떻게 사용하느냐에 따라 부부 사이의 의사소통은 물론, 가정의 건강과 행복이 좌우되기도 한다.

그런데도 원활하고 부드러운 의사소통을 위해 무엇을 어떻게 해야 하는지 연구하거나 배운 사람이 거의 없다. 의사소통 방식을 대수롭지 않게 생각하는데, 이는 아주 잘못된 생각이다.

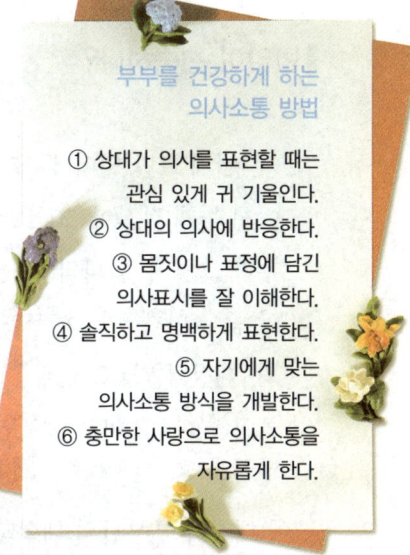

부부를 건강하게 하는
의사소통 방법

① 상대가 의사를 표현할 때는 관심 있게 귀 기울인다.
② 상대의 의사에 반응한다.
③ 몸짓이나 표정에 담긴 의사표시를 잘 이해한다.
④ 솔직하고 명백하게 표현한다.
⑤ 자기에게 맞는 의사소통 방식을 개발한다.
⑥ 충만한 사랑으로 의사소통을 자유롭게 한다.

존댓말이 부부 사이를 더욱 친밀하게 한다

▎반말이 친숙하다?

"야, 이제 그만 일어나. 몇시인데 아직 뒤집어져 자고 있어?"
"어제 늦게 잤잖아. 조금만."
"누가 그렇게 술 퍼먹고 늦게 들어오래?"
"야 좀 그만해. 아, 속 쓰려 죽겠네. 해장국 좀 끓여봐."
"뭐, 해장국? 놀고 있네."
"놀고 있다고? 이게 말이면 단 줄 아나?"

이 대화가 부부간의 대화라면 믿겠는가? 이 부부는 늘 이렇다. 요즘 유행한다는 연상연하 부부인데, 이들 부부의 싸움은 항상 상대의 말꼬리를 잡으면서 시작한다.

언어는 말하는 사람도 모르는 사이에 스스로를 구속한다. 만약 이 부부가 존댓말을 썼다면, 말은 물론이고 행동도 절제해 다툼이 훨씬 줄었을 것이다.

요즘 젊은 사람들은 친숙하고 허물없이 대한다며 반말을 쓴다. 반말을 사용하면 친밀감이 느껴지는 듯하지만, 반말은 감정이 조금만 상해도 말이 거칠어지기 쉽다는 것이 문제다. 거침없이 내뱉다보면

하지 않아야 하는 말까지 하게 되고, 심하면 욕설까지 오고가게 된다. 따라서 친할수록 존댓말을 쓰는 게 좋다.

특히 부부 사이의 반말은 남들 보기에도 안 좋을 뿐 아니라, 자녀 교육에도 좋지 않은 영향을 미친다.

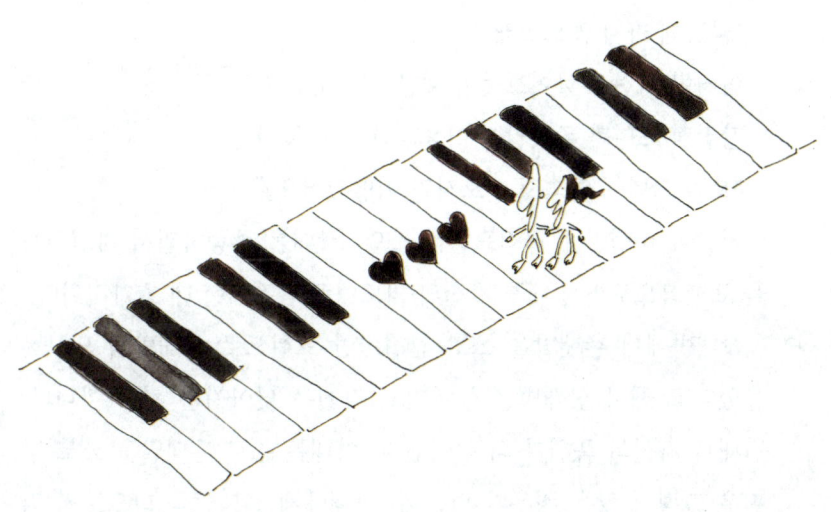

간접적 표현과 존댓말의 조화

존경과 사랑을 바탕으로 하는 대화에는 존댓말이 제격이다. 아내가 남편을, 남편이 아내를 존경하는 태도로 대화를 나눈다면 거친 말이 나올 리 없다. 반말이나 예삿말이 친숙한 느낌을 주고, 존댓말은 공식적인 느낌을 주는 게 사실이지만, 부부 사이에는 존댓말을 쓰면 더욱 친밀해진다.

또 부부간에는 간접적인 명령어를 쓰는 게 좋다.

"일찍 들어오시지 않겠어요?"

"극장에 가지 않으실래요?"

이처럼 의견을 물어보듯이 제안하는 것이다.

간접적 표현과 존댓말이 어울리면 더욱 좋다.

"오늘 저녁에 일찍 들어오시면 어떻겠어요?"

이같이 존댓말에 간접표현을 쓰면, 상대를 존중하면서 자기의사를 표현함으로써 상대를 자신의 의도대로 움직이는 데 효과적이다.

상대방에게 존댓말을 쓰고 간접적인 표현으로 상대방의 의사를 물었다고 해서 상대방은 높아지고 자신은 낮아지는 것이 아니다. 반대로 자신의 품위가 더 높아진다. 아내는 주로 존댓말을 쓰고 남편은 그렇지 않은 경우가 많은데, 아내에게 존댓말을 함으로써 집안 분위기를 부드럽게 했던 선조들의 지혜를 되살려보자.

우리말에는 여러 층의 존댓말과 간접 표현이 있다. 이를 잘 활용하면 부부간의 원활하고 원만한 의사소통에 도움이 될 것이다.

> 부드러운 말 한마디가
> 마음을 움직인다

▎소중한 사람이라면 배려해야 한다

 말의 높낮이나 울림은 부드럽고 편안한 느낌을 주며, 몸짓이나 표정은 부드럽고 인자하며 사랑스러워야 한다. 말하고자 하는 내용을 잘 가다듬고, 그 말을 해야 하는 때와 장소를 잘 선택하는 것도 중요하다.

 부부는 늘 같이 있으므로 상대의 입장은 별로 생각하지 않고 말하는 경우가 많다. 서로가 서로에게 소중한 사람이므로, 상대를 배려하면서 대화하도록 한다. 서로의 마음과 기분이 상하는 일이 없어야 한다.

 대수롭지 않은 대화나 몸짓이 상대의 마음을 상하게 하는 경우가 많다. 반면에 짤막한 한마디가 아주 큰 기쁨을 주는 경우도 많다. 부부의 건강과 행복은 부드럽고 즐거운 대화로 이루어진다는 것을 명심하자.

▎할아버지의 주식 이야기

"그때 팔 걸 그랬어요."
"그러게요. 좀더 올라갈 것 같더니만. 며칠 만에 폭락할 줄 누가 알았나요?"
"신문에선 뭐라고 합디까?"
"금리가 인상될지 모른대요. 당분간 오르기 힘들다던데."
"그럼 어떡해요. 그냥 가지고 있어야 하나?"
"좀 기다려보는 게 어떨까. 지금 팔면 너무 아깝잖아요."

70대 노부부가 주식 이야기를 나누고 있다. 이 부부의 주식계좌에 든 투자금은 100만원 정도. 할아버지는 몇 달 전 평생 해본 적 없는 주식을 하기 시작했다. 이유는 단순히 할머니와의 얘깃거리를 만들기 위해서였다.

할아버지는 할머니와 점점 갈수록 별로 할 이야기도 없고, 마땅히 함께할 것도 없어서 고민 끝에 주식투자를 선택했다. 주식은 매일 상황이 바뀌므로 얘깃거리가 풍부하다. 또 투자금액이 100만원밖에 안 되기 때문에 잃어도 크게 신경쓰이지 않지만, 그래도 돈이 오가기 때문에 적당히 긴장감이 있어서 좋다고 하신다.

할아버지는 할머니와 주식투자를 시작하면서 대화를 더 많이 하게 되었고, 공동 관심사로 인해 더 친밀감을 느끼게 되었다고 한다.

공동의 얘깃거리를 만들자

부부가 공유하는 대화의 장이 있어야 한다. 부부는 일상생활에서 수시로 옳고 그름을 판단해야 하고, 어떤 일을 결정해야 한다. 이러한 판단과 결정은 부부의 가치·신념·인생철학·감정 등이 작용해 이루어진다.

그러므로 부부는 수시로 의사소통을 통해 가치기준이 일치하도록 해야 한다. 무엇이 옳고 그른 것인지, 무엇을 위해 살아가는지, 인생의 궁극 목표는 무엇인지…… 서로의 생각을 이해하고 상대의 것을 내 것으로 만들도록 한다. 이는 취미·정치·경제·사회·문화, 전공분야·관심분야 등 다양한 화제에 관한 대화를 통해 이루어진다.

부부는 서로 만나기만 하면 이야깃거리가 무궁무진하고 서로의 이야기에 흥미를 느껴야 한다. 평소에 이해관계가 없는 무수한 대화를 나누며 자연스럽게 의사소통을 해왔다면, 인생의 고비에서도 대화로 해결할 줄 안다.

의사소통 수준이 부부건강을 결정한다

▌모든 단계의 의사소통이 필요하다

　부부간의 의사소통을 건강의 다섯 측면과 관련해 나누어보면 다음과 같다. 1단계는 의식주에 관한 의사소통이다. 2단계는 느낌, 즉 감정에 관한 의사소통이다. 3단계는 지식에 관한 의사소통이다. 4단계는 가치, 즉 도덕적 주제에 관한 의사소통이다. 각각 신체적·정서적·정신적·영적 건강의 증진과 관련 있다.

　이들을 자세히 보면 의사소통 수준이 낮을수록 의식주 및 감정에 관련된 신체적·정서적인 의사소통임에 비해, 수준이 높을수록 지적·도덕적인 것임을 알 수 있다.

　사회적 건강과 관련해서 본다면, 수지균형과 생활필수품의 관리에 관한 의사소통을 1단계, 역할분담에 관한 의사소통을 2단계, 자녀양육에 관한 것을 3단계, 부모·친척과의 화목에 관한 의사소통을 4단계로 볼 수 있다. 결혼하면서 가장 먼저 이루어지는 의사소통이 부모에 관한 것이지만, 다른 주제에 비해 도덕적인 측면이 강하므로 가장 높은 단계로 본 것이다.

　그러나 도식적으로만 파악할 문제는 아니다. 항상 모든 단계의 의사소통이 필요하다. 부부건강의 모든 측면에서 의사소통은 건강증진의 첫 단계이자 기본 요소다. 그런데도 의사소통 단계를 나누어 수준을 논하는 것은 의사소통이 대개 낮은 단계에만 머물러버리기 때문이다.

정서적·정신적·영적 건강을 증진하자면 거기에 알맞은 의사소통이 있어야 한다. 부부간의 의사소통이 낮은 단계에서 맴돈다면 부부 쌍방을 스스로 낮추는 일이며 건강까지 해친다. 높은 단계의 대화도 일상화되도록 의사소통의 수준을 높여나가는 노력이 필요하다.

건강증진을 위한 의사소통

앞에서 살펴본 기본적인 건강증진 행태를 정리하면서 의사소통이 잘 이루어지고 있는지 점검해보자.

1) 신체건강을 위한 의사소통
신체적 건강증진을 위해서는 다음 사항을 충분히 상의하고 합의한다.
① 식습관, 잠버릇, 운동계획
② 금연, 절주, 약습관 고치기
③ 레크리에이션 계획

2) 정서건강을 위한 의사소통

정서적 건강증진을 위해, 사랑이 넘치는 부부간의 바람직한 의사소통을 위해 다음의 노력이 필요하다.

① 밝은 표정으로 대한다.
② 몸짓을 다정하게 한다.
③ 유머 감각을 기른다.
④ 외모를 멋있게 가꾼다.
⑤ 배려하는 언행을 익힌다.
⑥ 인내심을 기른다.

3) 정신건강을 위한 의사소통

부부의 자긍심을 높이고 정신건강을 증진하려면 다음 사항에 유의한다.

① 칭찬의 말, 인정, 존경을 아끼지 않는다.
② 서로 가르치고 배운다.
③ 실현 가능한 목표의 공동학습, 공동활동을 세우고 계획적으로 활동한다.
④ 집단활동에 함께 참여해 만족스런 집단관계를 유지한다.

4) 영적 건강을 위한 의사소통

영적 건강을 위해, 부부간의 신뢰를 쌓기 위해 깊은 대화를 나누며 생활한다.

① 가치기준의 공유

② 인생관과 세계관의 공유
③ 옳은 가치기준의 확립과 신념의 확충(성숙된 도덕성)

5) 사회적 건강을 위한 의사소통

부부가 사회적 안정을 얻기 위해 다음 사항을 수시로 상의하고 합의한다.
① 생활필수품의 관리
② 가계의 수지균형
③ 가정에서의 역할분담
④ 자녀양육
⑤ 부모 · 친척과의 화목

■ 부부싸움의 9가지 기술

"싸움은 하지 않는다"는 원칙을 세워놓고 지키도록 노력한다.

부부간의 불화로 다투면 힘이 분산되고 아내는 남편의 발전을, 남편은 아내의 발전을 막는 요인이 된다. 사회 속에서의 갈등을 해결할 수 있는 실마리를 부부간의 협력으로 찾게 되면, 가정은 재충전의 공간으로 승화된다.

부부싸움은 하지 말자. 그래도 상대방이 싸움을 걸어오면, 다음 사항에 대하여 숙고해보자.

1. 감정을 낮추고 인내하면서 맞대응을 피한다.
2. 아이들이 있는 집에서는 언성을 높이지 않는다.
3. 설명이 필요할 때만 짧게 말한다.
4. 억양을 높이지 않는다.
5. 상대방의 감정을 자극하지 않도록 한다.
6. 싸움은 그날 밤 잠자리에 들기 전까지 일단 화해로 끝낸다.
7. 일단 화해로 끝낸 후, 앙금이 남지 않도록 좋은 분위기의 장소에서 자세히 사안의 자초지종에 대해 이야기한다.
8. 싸움이 될 문제를 사전에 해결한다.
9. 싸움도 자주 하면 습관이 된다는 것을 명심한다.

>>> 건강한 부부관계 전략 2　　　　　　　7장
# 힘의 조화를 이루자

길들이기보다 길들여지기
부드러운 것이 더 강하다
지는 것이 이기는 것이다
허풍선이는 외롭다

그대가 양처를 가지면 행복한 자가 되고,
악처를 가지면 철학자가 된다.
-소크라테스

부부가 행복해지려면 각자의 도리를
가장 먼저, 가장 중요하게 생각해야 할 것이다.
그 도리를 지키고자 할 때 따뜻하고 진정한 사랑도 나온다.
-박필

착한 부부가 이혼했다.
남편은 곧 재혼했지만 불운하게도 악한 여자를 만났다.
그 남자는 새 아내처럼 악한 인간이 되었다.
아내도 곧 재혼했는데 남자의 행실이 좋지 못했다.
그러나 그 새 남편은 착한 사람이 되었다.
언제나 여자는 남자를 조종한다.
-마빈 토케어

길들이기보다
길들여지기

▍며느리와 사위, 꼼짝 마라

　부부는 서로 다른 환경에서 자란 남남이 만나, 이 세상에서 가장 가까운 사이가 된 사람들이다. 아무리 사랑해도 서로 맞지 않은 점이 많게 마련이다. 그래서 상대를 이해하려는 노력이 필요하다.
　부부는 서로에게 의존적이며, 상호작용을 통해 무수한 결정을 하는데, 그 결과는 서로에게 영향을 미친다. 남편의 문제는 단순히 남편만의 문제일 수 없고, 아내의 문제는 단순히 아내만의 문제로 한정할 수 없다. 부부는 서로의 문제에 관여할 수밖에 없는 것이다.
　그뿐인가? 부부는 서로에게 영향을 주는 공동의 문제를 함께 결정해야 할 때도 많다. 이처럼 부부는 서로 다른 점을 맞추고 상대의 문제를 함께 풀며 부부 공동의 문제를 해결하기 위해 수많은 조정을 거친다.
　이러한 조정과 결정 과정에서 자기의 의도를 관철시키면 힘이 있다고 한다. 힘이란 어떤 것을 결정하는 데 작용하는 영향력이다. 만약 자신이 부부관계에서 훨씬 큰 힘을 가지고 있다면, 부부 사이의 많은 일들이 자신의 의도대로 결정될 것이다.
　'결혼 초에 길들여야 한다.' 고들 말한다. 아들은 며느리를 꼭 누르고 살고, 딸은 사위를 꼼짝 못하게 하기를 기대한다. 길들여지거나, 꼭 눌리거나, 꼼짝 못하게 되는 사람은 얼마나 불편할까? 그러면 반대로 길들이거나, 누르거나, 꼼짝 못하게 하는 쪽은 과연 행복할까? 힘의 우위를 차지하기 위해 상대를 제압하려 든다면 결혼생활 자체가 무척 힘들게 느껴질 것이다.

▌부부는 보완하고 받쳐주는 관계

몇 살인가? 무슨 항렬인가? 몇 회 졸업생인가? 직위는 무엇인가? 두 사람만 모여도 서열 정하기에 열을 올린다. 무엇인가 서열이 정해져야 안정되고 편안해지는 게 우리 사회의 일반적인 속성인 듯하다.

부부 사이에도 누가 높은가? 누가 잘났는가? 누구네 집이 더 양반인가? 등으로 서열을 정해 힘의 질서를 만들려는 사람이 있다. 그러나 어찌 부부가 경쟁의 대상이며, 힘으로 누를 대상인가. 자기 배우자를 힘으로 누르려는 사람이 있다면 그건 부부간의 관계설정부터 잘못한 것이다.

부부는 경쟁관계가 아니라 보완관계이며, 누르는 관계가 아니라 서로를 받쳐주는 관계다. 서로 보완하고 받쳐주어 하나됨을 이루는 데 즐거움이 있는 것이다. 그러한 즐거움을 누리려면 길들일 것이 아니라 서로 길들여져야 한다.

▌균형이 이루어져야 편안하다

 그러나 서로 길들여진다는 것은 쉬운 일이 아니다. 조정과 결정 과정에서 자기의 의도가 관철되기를 바라는 것은 자연스런 욕구이기 때문이다. 이때 자기주장만 내세운다면 당연히 충돌과 갈등이 생길 수밖에 없다.
 부부 사이에 이루어지는 무수한 결정에서 서로의 의도가 늘 같을 수 없으며, 항상 자기가 원하는 대로 결정되기는 어렵기 때문이다. 부부의 행복을 위해서는 상대의 의견을 받아들이고 배려하는 자세를 가져야 한다.
 이렇게 노력할 때 부부간의 힘이 균형을 이루게 된다. 특별한 사건에 의해 균형이 흐트러지고 깨진다고 해도 다시 조정하면 된다. 힘의 균형이 흐트러지면 부부는 불안정해지고, 안정을 위해 균형을 모색하게 되는 것이다.
 부부간 힘의 균형·교란·갈등·조정은 가정이 존재하는 한 계속된다. 그러나 서로 만족하는 힘의 질서에 따라 균형을 유지하면, 힘을 재조정할 수밖에 없는 상황이 오더라도 갈등이 발생하지 않는다. 부부가 힘의 균형이 어떻게 조정될 것인가를 예측할 뿐만 아니라, 기존의 힘의 질서에 만족하고 있기 때문이다.

> 부드러운 것이
> 더 강하다

▍힘의 균형은 어떻게 이루어지는가?

부부는 두 사람이 같은 종류의 힘을 동시에 사용하기보다는 서로 다른 종류의 힘을 사용해 서로 보완관계가 되는 게 바람직하다.

어떤 일을 결정하는 과정에서 상대에게 직접적인 제언이나 몸짓을 하면, 자신의 의지를 강하게 드러낼 수 있다. 하지만 부부 사이의 의사소통에는 상대의 의사를 묻거나 들어주는 경우처럼 힘이 간접적으로 작용하는 게 좋다.

예를 들어 '이렇게 해요.'라고 단정적으로 말하기보다 '이러저러하니 이렇게 하면 어떻겠어요?'라고 상대의 의견을 묻거나 권유하는 형식으로 설득할 때, 의사소통이 원활할 뿐 아니라 일의 결정을 자신의 의도대로 이끌 수 있다.

대체로 부부 사이에서 물리적인 힘이 강할수록 영향력이 크다. 일반적으로 남자들이 경제적 능력이 뛰어나고 활동영역도 넓어 가정의 모든 일에 영향력을 행사한다. 물리적인 힘을 행사하는 데 가정에서의 경제적 역할이 큰 몫을 차지한다는 것을 알 수 있다.

▌물리적인 힘보다 인간적인 힘

하지만 물리적인 힘 못지않게 중요한 것이 인간적인 힘이다. 인간적인 힘은 상대를 사랑하고, 인정하고, 존경하고, 신뢰하는 등의 인간관계를 통하여 상대를 자신의 의도대로 움직이는 것이다. 부부는 사랑과 인정과 존경과 신뢰로 얽힌 관계이므로, 물리적인 힘보다는 인간적인 힘이 배우자를 자신의 의도대로 움직이는 데 더 효과적이다.

부부간의 건강이라는 관점에서 보면 물리적인 힘은 신체적인 건강 차원인 데 반해, 인간적인 힘은 정서적·정신적·영적 건강과 관련이 있다. 다시 말하면 사랑으로 배우자를 움직이는 것은 정서 건강에, 인정과 존경으로 배우자를 움직이는 것은 정신적 건강에, 신뢰를 바탕으로 배우자를 움직이는 것은 영적 건강에 기초를 둔다. 즉 그 힘의 원천은 애정이요, 자긍심이요, 도덕성이다.

이들로부터 나오는 힘은 완력이나 금력이 아니고 감성, 지성, 덕성의 힘이다. 이러한 힘을 갖춘 사람을 흔히 외유내강이라고 한다.

부부간의 관계는 신체적·정서적·정신적·영적 관계의 총합이다. 어느 하나도 소홀히 할 수 없지만, 신체적 관계로부터 정서적·정신적·영적 관계로 갈수록 세련되고 성숙한 관계다. 부부 사이에 물리적인 힘보다는 인간적인 힘으로, 특히 덕성으로 배우자를 움직인다면 그 부부는 힘의 균형을 성숙하게 이루었다고 할 수 있다.

우리나라에서는 일반적으로 남편이나 아버지보다는 아내나 어머니가 더 인간적이다. 어머니는 인간적인 힘으로 가족을 움직인다.

그러나 물리적인 힘을 가진 쪽에서 인간적인 태도로 가족을 대한다면 훨씬 더 멋있게 보일 것이다. 가정이 화목하고 평화롭다는 것은 이러한 경우를 말한다.

▎능력의 힘보다 무력(無力)의 힘

자신의 능력을 과시하면서, 상대방이 자신의 힘에 압도되어 따를 수밖에 없도록 하는 힘이 '능력의 힘'이다. 일반적으로 남자들이 능력의 힘을 사용한다.

능력의 힘의 상대개념으로 '무력(無力)의 힘'을 들 수 있다. 말 그대로 힘이 없이 상대방을 움직인다는 것이다. 어려움에 처해 있는 딱한 사람을 보면, 도움을 주기 위해 그가 원하는 대로 움직여주는 게 인지상정이다. 이 같은 사람들의 생리를 활용하는 게 무력의 힘이다.

전통가정에서의 어머니는 아버지보다 힘이 없고, 때로 아버지에게 억압을 당하기도 한다. 이 때문에 가족들은 어머니가 원하는 것이면 무엇이든지 들어주려는 경향이 있다. 이것이 '무력의 힘'의 좋은 보기다.

그러나 무력이 곧 무능은 아니다. 무력은 남이 보기에 힘이 없는 것일 뿐, 유능이나 무능과는 상관없다. 힘을 가질 수 없어서 무력할 수도 있고, 힘을 가질 필요를 느끼지 않아 무력할 수도 있다. 또 능력의 힘을 갖지 않는 것이 오히려 가족의 화목이나 평화에 도움이 될 것으로 느껴 '무력의 힘'을 택한 경우도 있다.

문제는 '무력의 힘'과 '능력의 힘' 중에서 어느 쪽을 택할 것인가다. 아내는 힘이 없어보이지만 내적으로 존재하는 능력의 힘을 사용하고, 남편은 재치 있게 무력의 힘을 구사할 줄 안다면, 잘 조화된 부부라고 할 수 있다.

> 지는 것이
> 이기는 것이다

▌지면서 이기는 지혜

힘에는 직접적인 힘과 간접적인 힘, 물리적인 힘과 인간적인 힘, 능력의 힘과 무력(無力)의 힘이 있어서 각각 서로 대비된다. 이들 힘이 어떤 결정을 내리는 데 서로가 편안하고 건강하며 행복하도록 작용하면 된다.

이 가운데 어떤 힘이 가장 효과적인지 단정할 수는 없다. 가정을 행복하고 건강하게 이끌어가는 데는 통상 간접적인 힘, 인간적인 힘, 무력의 힘을 이용하는 게 바람직하다.

그런데도 사람들은 직접적이고 실제적이며, 능력이 있는 것처럼 보이는 힘으로 상대를 움직이려고 하기 때문에 어려움에 처한다. 따라서 부부간의 힘은 외유내강이 바람직하다. 부부 사이에는 지고 들어가서 이기는 지혜, 이기려고 져주는 것이 아니라 져주려다 보니 이기는 지혜가 소중한 것이다.

▌합리적인 힘의 분담

어떤 종류의 힘을 누가 사용하는 것이 좋은가에 대해서는 단정짓기 어렵다. 상황에 따라 다르기 때문이다. 분명한 것은 부부 사이에 작용하는 힘의 종류를 이해하고, 상황에 따라 부부가 만족하게 힘을 분담해야 한다는 것이다.

어떤 때는 남편이 무력(無力)의 힘으로 자기의 의도를 관철시킬 수 있고, 또 어떤 때는 아내가 직접적인 힘으로 남편을 움직일 수도 있다. 누가 어떤 종류의 힘을 사용했는가가 아니라, 그 힘이 작용함으로써 부부 사이가 어떻게 달라졌는가 하는 점이 중요하다. 만약 부부 사이가 더욱 친밀해지지 않고, 가정의 안정과 건강이 흔들리게 되었다면 힘의 작용에 문제가 있는 것이다.

일반적으로 우리 사회는 남편에게 직접적인 힘·물리적인 힘·능력의 힘을 기대하고, 아내에게는 간접적인 힘·인간적인 힘·무력의 힘을 갖기를 바란다. 그러나 사회가 발전하면서 가정에서의 남편과 아내의 역할 분담 및 힘의 분담도 바뀌고 있다.

따라서 어떤 틀에 의한 힘의 분담보다는 자기 부부만의 특수한 상황과 여건을 고려해 합리적으로 힘을 분담하는 게 중요하다. 부부에게는 합리적인 분담을 바탕으로 힘의 균형을 유지하고 건강을 증진하여 부부관계를 편안하게 이끌어갈 책임이 있다.

허풍선이는 외롭다

▍남자가 쩨쩨하게, 여자가 감히

사사건건 남자 여자를 따지던 남편이 있었다. 바로 옆에 놓인 재떨이도 가져다달라고 아내에게 시키는, 몹시 가부장적인 남편이었다. 아이들과 놀아주는 것은 상상할 수 없었고, 혼자서는 라면도 제대로 끓여먹지 못했다.

이런 남편이 갑자기 이빨 빠진 호랑이처럼 변하기 시작한 것은 그가 정년퇴직을 하면서부터였다. 그는 아내와 함께 여행을 가고 싶어했고, 이제는 다 자라버린 자녀들과도 즐거운 시간을 가지려고 노력했다. 그러나 그는 가족 속에 쉽게 끼어들지 못했다.

아내는 늘 집에만 있는 남편을 못마땅해했다. 세 끼 식사를 챙기기도 귀찮다며, 제발 어디든 나갔다가 들어오라고 성화였다. 자녀들은 갑자기 부드러워진 아버지가 어색했다. 아버지와 대화를 하고 싶어도 몇 마디 나누다보면 화제가 끊겼고, 아버지와 도대체 무엇을 해야 할지도 몰랐다.

이런 경우는 주위에서 흔하게 볼 수 있는 광경이다. 정도의 차이만 있을 뿐 대부분의 가정에서 비슷한 일이 일어나고 있다. 이 남편의 문제는 무엇일까? 왜 이런 일이 발생할까?
▎균형 잃은 부부의 방황

남녀평등이 완전히 실현된 사회는 아니지만 예전에 비해 여성의 권리가 많이 신장했고, 이 과정에서 예기치 않은 문제가 노출되었다. 남성 우위 시대의 '허풍선이' 기질을 버리지 못한 남성들이 변화된 사회에 적응하지 못해 정신적인 고통을 겪으면서 그 배우자마저 혼란스럽게 만들고 있는 것이다.

사람은 시대를 뛰어넘어 살 수 없고, 변화의 흐름을 거스를 수도 없음을 알아야 한다. 과거에는 남편이 가계를 책임지는 가장으로서 절대적인 권위를 가졌다. 이에 따라 남편은 모든 일의 최종적인 결정권을 가졌다. 그것은 권한임과 동시에 막중한 책임이었다. 힘의 균형 역시 남편의 일방적·절대적 힘으로 유지되었다.

그런데 이 힘이 무너지면서 균형이 여러 가지 형태로 다양해졌다. 그 와중에 균형을 찾지 못하고 방황하는 부부가 많아졌다. '남잔데 뭘…….' '남자가 어떻게…….' '사내라면 그까짓 것쯤…….' 이러한 현상은 남자만이 아니라 여자들에게서도 많이 나타나는 증상이다.

변화를 슬기롭게 수용하자

변화가 심한 때일수록 원칙을 확인하고 균형을 잡을 줄 알아야 한다. 의무와 책임은 예전처럼 남편에게 지우면서 이에 상응하는 권위는 인정하지 않는다면, 이 역시 곤란한 일이다. 남편의 정신적·경제적인 짐을 덜어주는 지혜가 아내에게 필요하다. 남편 역시 허풍으로 권위를 유지하려고 버둥대기보다는 아내에게 도움을 청하고, 감사하는 솔직한 태도가 필요하다. 그럼으로써 함께 사는 훈훈함을 즐길 줄 아는 지혜가 필요한 시대다.

남편의 권위로 힘의 균형을 유지하던 부부가 힘의 균형이 깨지면서 나타나는 현상 중의 하나가 여자끼리 놀러 다니는 것이다. 남편은 바깥일만 했지 집안일은 해본 적이 없다. 아내의 손길이 없으면 자기관리마저 못한다. 그래서 아내가 늘 곁에 있어야 하고, 여행도 같이 다니며 여생을 즐겼으면 한다.

그런데 아내의 입장에서는 남편과 함께하는 것은 재미가 없다. 평생토록 남편의 권위에 눌려 살았기 때문이다. 게다가 이제는 남편에게 힘이 없으니 더이상 눌릴 이유도 없다.

그래서 아내는 아내들끼리 놀러 다니고, 남편은 다 늙어서 가사에 자기관리까지 애를 먹는다. 잘잘못을 가리기에 앞서 바뀐 사회에 제대로 적응하지 못한 서글픈 모습이 아닐 수 없다. 변화를 슬기롭게 수용할 줄 알아야 힘의 균형과 조화를 이룰 수 있는 것이다.

>>> 건강한 부부관계 전략 3　　　　　8장

스트레스를 활용하자

스트레스로 스트레스를 극복한다
좋은 스트레스, 나쁜 스트레스
스트레스 해소법
가정, 스트레스를 녹이는 용광로
당신의 기쁨이 곧 나의 기쁨
부부가 함께하는 불면증 치료법

사랑은 칼 없이도 왕국을 다스린다.
-영국속담

원만한 부부생활의 비결은 결코 죽느냐 사느냐 하는
아슬아슬한 지경까지 가지 않는 것이다.
-도스토예프스키

진정한 의미에서 결혼생활은 연애의 시작이다.
-괴테

사랑이란 자기희생이다.
이것은 우연에 의존하지 않는 유일한 행복이다.
-톨스토이

> 스트레스로
> 스트레스를 극복한다

▌스트레스, 다양한 자극에 대한 반응

"스트레스 받아."

하루에도 몇 번씩, 조금만 갈등이 생겨도 우리는 습관처럼 이렇게 말한다. 스트레스를 빼고는 현대인의 삶을 설명할 수 없을 정도로, 우리에게 스트레스는 친숙하다. 그러나 '스트레스로 인한 과로사' '수험생 스트레스'라는 말에서 보듯, 흔히 스트레스라면 나쁜 것이라고만 생각한다.

그러나 스트레스는 좋은 것도 있다.

스트레스는 '다양한 자극에 대한 반응'이라는 게 학자들의 공통적인 견해이다. 그렇다면 스트레스는 우리 생활에 없을 수 없는 것이다. 스트레스는 어떻게 발생할까?

먼저 스트레스원(stressor)이 있어야 한다. 원인이 없으면 스트레스는 생기지 않는다. 폭탄 터지는 소리가 나면 우리는 깜짝 놀라고 몸을 움츠리게 되며 불안을 느낀다. 이때 폭탄 터지는 소리는 스트레스를 주는 스트레스원이다. 이것이 스트레스의 1단계다.

스트레스의 2단계는 스트레스의 압박이다. 스트레스원이 힘을 가해오는 것이다. 이를테면 폭탄이 터지면서 내게 들려온 폭음이 바로 스트레스(stress)다. 그 압박의 강도와 빈도에 따라 스트레스의 정도가 달라진다.

3단계는 스트레스 상태다. 폭음이 가해지면 몸을 움츠리고 불안한 상태가 된다. 이것이 스트레스 상태다.

4단계는 스트레스에 대한 적응이다. 스트레스 상태가 되면 인간은 어떤 형태로든 적응하려고 한다. 폭음에 움츠렸던 몸을 풀고 불안에서 벗어나려고 노력하기도 하고, 기절해서 쓰러지기도 한다.

5단계는 스트레스에 적응해 변화된 상태다. 폭음의 스트레스를 경험한 후의 상태로서, 폭음에 익숙해지거나 반대로 폭음에 대한 불안증이 생기거나 한 것이다.

부부간의 스트레스 해소

이러한 스트레스 과정을 단계별로 요약하면 스트레스원이 → 스트레스를 가하면 → 스트레스 상태가 되어 → 좋게 또는 나쁘게 적응하게 되고 → 결과적으로 스트레스를 받아 내가 변한다. 예를 들면, 어떤 사람이 → 나를 나쁘다고 하면 → 내가 기분이 나빠져서 → 그 사람과 만나지 않으리라 마음먹게 되고 → 결국 그 사람과의 인연을 끊게 된다.

이처럼 우리는 늘 순간순간 무수히 많은 스트레스를 경험하며 살아간다. 어차피 피해갈 수 없다면, 스트레스를 좋은 방향으로 유도하는 것이 현명하다. 5단계 중 어디서든지 건강과 생활에 유익하도록 스트레스를 관리하자.

　이를 위해서는 특히 부부간의 스트레스 관리가 매우 중요하다. 부부는 늘 같이 살기 때문에 가장 많이 스트레스를 주고받지만, 또 해소해주기 때문이다.

사람마다 느끼는 스트레스가 다르다

　스트레스를 일으키는 원인에는 좋은 것과 나쁜 것이 있다. 좋은 스트레스는 나쁜 스트레스를 관리하는 데 활용되기도 한다.
　직장 상사 때문에 마음이 상하면, 친구와 만나 그 일에 대해 의논하고 노래방에서 기분도 전환한다. 그러는 동안 기분 나쁘게 한 상사를 이해하게 되어 마음이 편해진다. 결과적으로 상사는 나쁜 스트레스를, 친구는 좋은 스트레스를 준 셈이며, 나쁜 스트레스를 좋은 스트레스로 해소한 것이다. 사람들은 자신도 모르는 사이, 이런 방식으로 나쁜 스트레스를 해소한다.
　건강에 긍정적인 자극원을 유스레스트원(eustressor)이라 하고, 부정적인 자극원을 디스트레스원(distressor)이라 한다. 똑같은 스트레스원도 사람에 따라 미치는 영향이 다르기 때문에 유스트레스원인지, 디스트레스원인지 단정적으로 말할 수는 없다.
　병원균이라면 모든 사람에게 디스트레스원일 것이다. 반면 눈이 오면 대개는 유스트레스원으로 받아들이지만, 눈을 청소해야 하는 사람에게는 디스트레스원이 된다. 눈 오는 아름다운 풍경을 유스트레스원으로 받아들이는 운전자도 있을 것이고, 도로가 막힌다고 짜증내면서 디스트레스원으로 받아들이는 사람도 있을 것이다.

매사를 부정적으로 보는 사람은 디스트레스원으로 느낄 때가 많다. 매사에 긍정적인 사람은 유스트레스원으로 받아들여 즐거워한다.

유스트레스원에서 오는 유스트레스는 창조력, 생산성, 삶의 만족도를 끌어올려 건강해진다. 디스트레스원에서 오는 디스트레스는 건강을 해쳐 질병이나 사망을 부른다. 그러므로 유스트레스를 만들어 이를 주고받아야 한다. 또한 디스트레스원을 가까이하지 말고 디스트레스 상황이라면 되도록 빨리 벗어나야 한다.

좋은 스트레스, 나쁜 스트레스

▌좋은 스트레스는 보약이다

건강의 신체적 · 정서적 · 정신적 · 영적 · 사회적 측면에 각각 긍정적 영향을 주는 유스트레스원과 부정적 영향을 끼치는 디스트레스원을 살펴보자.

나쁜 스트레스는 사람을 불안하게 한다. 신체적으로 위축되거나, 심한 경우 상해를 입는 정도에 머물지 않고 자긍심의 손상과 도덕감의 파탄 같은 심각한 영향을 끼치기도 한다. 이렇게 되면 사회적 안정감이 흔들리게 된다.

이를 뒤집어 생각해보면, 좋은 스트레스에 의한 건강증진 작용도 가능하다. 결국 건강증진이란 건강의 각 측면의 스트레스를 잘 관리하는 일이라고 해도 과언이 아니다.

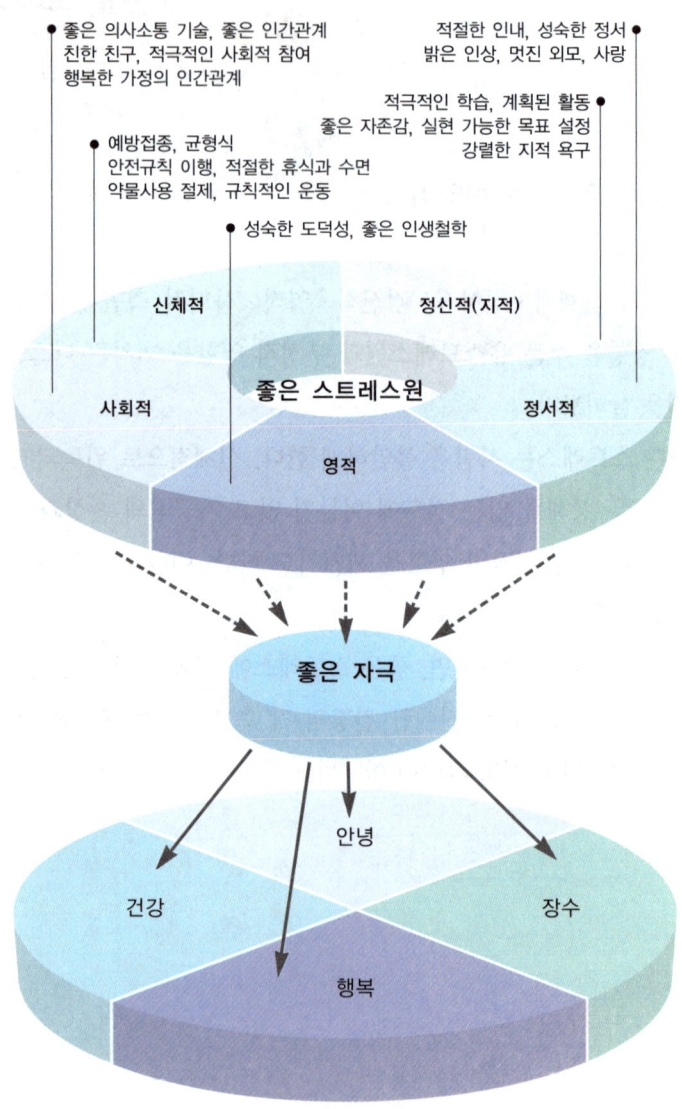

나쁜 자극으로 가득 찬 생활

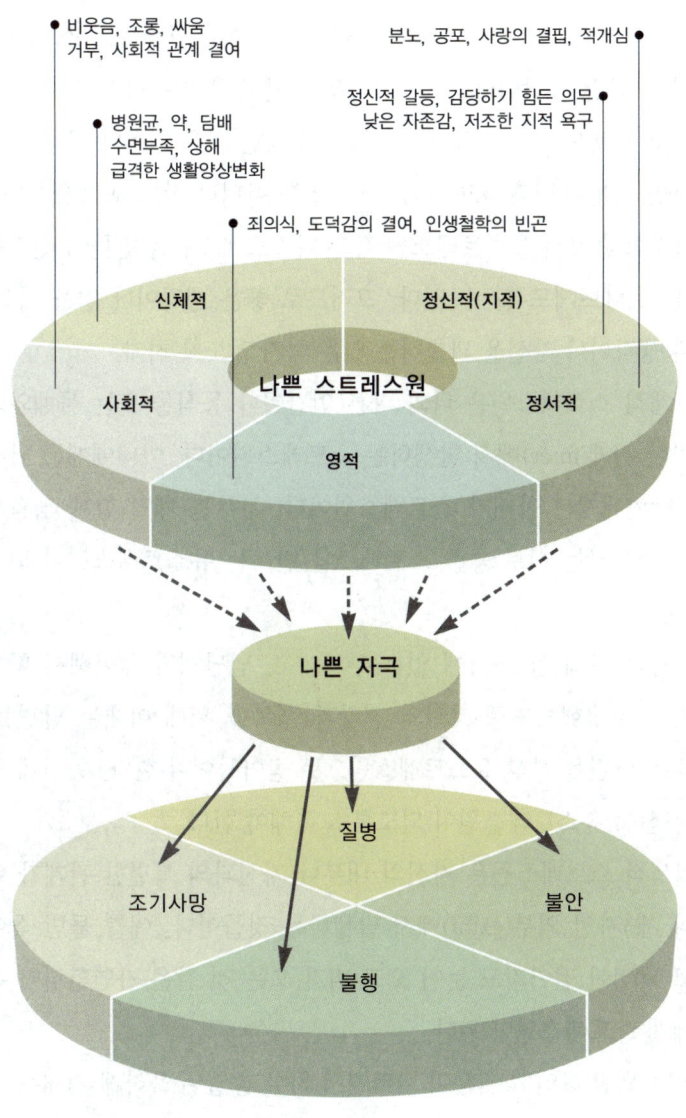

8장 스트레스를 활용하자

스트레스 발생경로 3가지

내생적 스트레스원은 자신의 내부(intra)에서 발생하는 스트레스원이다. 좋은 사람이나 일, 아름다운 어떤 것을 떠올리면 기분이 좋아지고 식욕도 생기고 잠도 잘 온다. 하지만 싫은 일이나 사람을 생각하면 기분이 나빠지고 소화가 안 될 뿐 아니라 잠도 오지 않는다.

이처럼 혼자서 유스트레스원 혹은 디스트레스원을 만들어 건강을 좋게도, 나쁘게도 할 수 있다. 그러므로 좋은 생각이나 일을 하고, 나쁜 생각이나 자신을 괴롭히는 일은 하지 않도록 하자.

관계적 스트레스원은 나와 다른 인간이나 동식물 또는 물체와의 특별한 관계(inter)에서 발생하는 스트레스원이다. 아내에게는 남편이, 남편에게는 아내가 스트레스원이다. 부부는 매일 함께 생활하므로 배우자는 서로 좋은 스트레스를 만드는 유스트레스원이 되어야 한다.

어차피 함께 살 수밖에 없는 부부이고, 남남끼리 좋아해서 함께 살기로 결정했으므로 자신의 건강과 행복을 위해 아내는 남편을, 아내는 남편을 항상 유스트레스원으로 받아들여야 한다. 동시에 항상 자신이 유스트레스원이 되도록 노력해야 한다.

외생적 스트레스원은 자신의 내부나 자신과의 특별한 관계가 아니라 제3자인 외부(extra)에서 발생하는 것들이다. 예를 들면 꽃이 피고 낙엽이 떨어지고 눈이 오고 비가 오는 것 같은 자연환경이 우리에게 스트레스원이 된다.

비가 오면 공연히 기분이 나빠져서 하루 종일 우울하게 지내는 사람이 있다. 자신이 어떻게 할 수 없는 자연현상인데도 이로 인해 기분이 나빠져 건강을 해친다면 어리석은 일이다. 비가 오면 마음이 차분해져서 오히려 기분이 좋다고 생각하며 이를 유스트레스원으로 활용하도록 해야 한다.

　소음, 홍수, 기아, 인구과밀 등은 디스트레스원이다. 이러한 일은 공동의 노력으로 예방해야 한다.

스트레스 해소법

▍디스트레스에서 빨리 벗어나기

우리는 가끔 감정 때문에 신체의 갑작스런 변화를 경험한다. 손에 땀이 차고, 심장이 뛰고, 얼굴이 빨개지고, 근육이 경직되기도 한다. 이런 신체적 반응은 호르몬의 작용이다. 스트레스에 의한 감정의 변화가 신체에 작용하여 나타난 것이다.

디스트레스 상태이면 우리 몸은 아드레날린이라는 호르몬을 내보낸다. 아드레날린이 자율신경계를 자극하면 우리 몸은 디스트레스를 방어하고 이로부터 벗어나려고 노력하게 된다. 이때 많은 에너지가 소모되므로 소화에 필요한 에너지까지 부족해져서 소화가 잘 안 되는 것이다.

디스트레스 상태가 오래 지속되면 에너지 소모가 많아 몸은 탈진하고 면역력이 약해져 병에 걸릴 수 있다. 따라서 디스트레스는 빨리 해소하는 게 좋다.

디스트레스에서 빨리 벗어나려면 유스트레스를 가하는 게 좋다. 노래를 부른다거나, 좋은 생각을 한다거나, 자연환경이 좋은 곳에 간다거나, 가까운 사람들과 대화를 나누면 디스트레스에서 빨리 벗어날 수 있다.

우리 몸이 유스트레스 상태가 되면 베타-엔돌핀이 분비된다. 베타-엔돌핀은 자율신경계를 자극해 우리 몸의 순환을 좋게 한다. 이에 따라 소화도 잘되고 면역력도 강해진다. 유스트레스는 보약인 셈이다.

스트레스를 관리하는 5가지 방법

그렇다면 스트레스를 어떻게 관리해야 할까?

첫째, 스트레스를 일으키는 스트레스원을 관리해야 한다. 스트레스원은 모두 유스트레스원이라고 인식하는 습관을 키우자.

똑같은 시간에 같은 곳에서 같은 사람의 이야기를 듣고도 어떤 사람은 디스트레스로 느껴 스스로를 괴롭히는가 하면, 어떤 사람은 유스트레스로 받아 스스로를 발전시킨다.

둘째, 스트레스를 주는 것 자체를 관리한다. 아예 디스트레스를 가하지 못하도록 관리하는 게 최선의 방법이지만, 불가능할 경우 디스트레스가 가해지면 피한다. 디스트레스 상태에서 빨리 벗어나도록 해야 하는 것이다. 그리고 디스트레스가 가해지지 않도록 하는 방법을 깊이 연구한다.

예를 들어 일요일인데도 아내가 평소처럼 아침 일찍 밥을 먹어야 한다고 깨운다면, 남편은 화가 날 것이다. 일요일인데, 편히 늦잠 좀 자고 싶은데, 왜 그렇게 귀찮게 하는지 모르겠다는 생각에 짜증이 날 것이다. 그래서 아내와 말다툼을 할 수 있고, 자칫 모처럼의 휴일을 망칠 수 있다. 미리 아내에게 언급했더라면 이런 일은 일어나지 않았을 것이다. 자기 마음도 몰라주고 이미 아내가 깨웠다면, 이렇게 말해보자.

"일요일인데 늦잠 좀 자고 싶소. 일이 힘드는지 몸이 많이 피곤하구려."

그러면 아내도 남편을 배려하게 될 것이다.

셋째, 애초에 디스트레스라고 느끼지 않는다. 디스트레스를 유스트레스로 바꿔 생각하는 것이다. 규칙적인 아침식사가 건강에 좋기 때문에 일요일 아침 일찍 아내가 깨운 거라고 생각하고, 아내에게 고마워하는 것이다. 그러면 기분도 건강도 좋아질 것이다.

넷째, 스트레스에 대한 적응이다. 디스트레스가 오면 일단 참으면서 똑같은 디스트레스가 되풀이되지 않도록 이성적으로 연구한다. 그러면 디스트레스 관리기술도 늘고, 사고와 판단의 폭이 넓어져 살아가는 데 큰 도움이 될 것이다.

다섯째, 스트레스 관리능력을 강화한다. 자신을 스트레스에 강하게 만드는 것이다. 디스트레스를 많이 받아도 극복하면 면역이 생겨 강인해진다. 긍정적이고 발전적으로 디스트레스를 이겨내면, 그러한 디스트레스가 다시 발생했을 때 쉽게 대응할 수 있어 삶이 훨씬 편안해진다.

더 나아가 유스트레스를 가까이하거나 스스로 창출하는 훈련을 쌓아야 한다. 이는 적극적으로 스트레스 관리능력을 기르는 행동이다.

디스트레스 해소법

① 디스트레스를 받으면 초조, 수면장애, 식욕부진, 무관심 등 자신에게 어떤 증상이 나타나는지 알아본다.
② 디스트레스 요인을 친구나 가까운 사람에게 이야기한다.
③ 낙관적인 태도를 기른다.
④ 화가 났을 때는 건설적이고 생산적인 방법으로 해소한다. 화난 상태가 오래가면 디스트레스가 증가한다.
⑤ 자기보다 다른 사람의 문제에 눈을 돌린다. 더 큰 디스트레스에도 의연하게 대처하는 사람들을 생각한다.
⑥ 매일 짧은 시간이라도 운동한다.

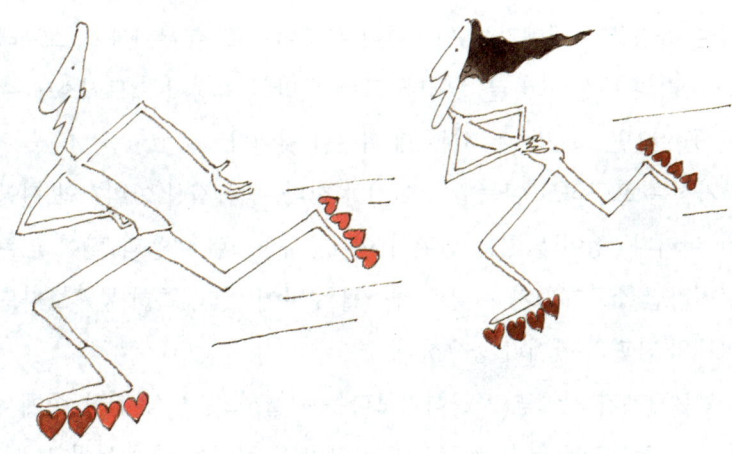

가정, 스트레스를 녹이는 용광로

▎스트레스 해소의 마지막 보루

"스트레스는 가정에서 풀어야 한다."

이 말은 나쁜 스트레스를 해소해주는 마지막 보루가 가정이라는 뜻이다. 가정에서 스트레스를 풀어야 하는 것이 아니라, 가정에서는 스트레스가 풀려야 한다는 것이다.

그만큼 가정은 스트레스 관리에 결정적인 영향을 미치는 곳이다. 물론 가정을 이끌어가는 원동력이 부부이므로, 부부관계가 스트레스 관리의 핵심 고리일 것이다. 그런데 만일 가정이 스트레스를 주는 곳이라면, 그 가족은 사는 게 피곤할 것이다.

가정은 포근하고 아늑한 곳이어야 한다. 믿음직한 아버지와 편안한 어머니, 정이 넘치는 남편과 아내, 사랑스런 아들과 딸이 있는 곳이라면 스트레스가 저절로 해소될 수밖에 없다. 특히 누구보다도 아내와 남편의 관계가 중요하다.

부부관계가 나쁘면 포근하기보다는 싸늘하고, 항상 긴장 속에서 금세 폭탄이라도 터질 것 같은 불안감이 온 집안에 감돌 것이다.

부부생활은 건강하고 행복해야 한다. 그러려면 부부 사이에서 일어난 스트레스는 자신이 주체가 되어 관리해야 한다. 가정의 스트레스는 아내가 관리해야 한다는 생각에, 문제가 생기면 아내에게 책임을 추궁하는 남편이 있다. 반대로 남편에게 책임을 추궁하는 아내도 있다. 이런 가정은 아이들마저도 가정의 잘못된 일을 두고 서로 책임을 전가할 것이며, 결코 행복할 수 없다.

건강하고 열정적으로 자신의 삶을 멋지게 주도하고 싶다면, 주체적으로 부부의 스트레스를 관리하고, 문제가 생겼을 때 자신에게도 책임이 있음을 인정해야 한다.

싸운다고 정이 깊어지는 것은 아니다

스트레스의 가장 광범위한 증상은 정서적 불안이다. 불안은 안전욕구의 결핍에서 나타나는데, 부부관계는 특유의 안정감으로 불안 해소에 탁월한 효과를 발휘한다.

부부는 싸우지 말아야 한다. 부부 사이의 불화는 불안정을 초래해, 혹시 무슨 일이 일어나지 않을까 서로 두려워하게 만든다. 싸워야 정이 깊어진다는 말을 그대로 믿어서는 안 된다. 싸우고 정이 깊어진 사람보다는, 상처의 골이 깊어진 부부가 더 많다. 그래서 싸움 끝에는 갈라서기가 더 쉬워진다.

혹시 싸웠거나, 다른 여러 이유로 부부가 불편하게 지내고 있다면 하루빨리 제자리로 돌아가야 한다. 불화는 불안감을 불러일으키고, 이 상태가 지속되면 신체적으로도 좋지 않은 증세가 나타나게 된다. 불안신경증 같은 정신적인 질병이 발생할 수 있다.

당신의 기쁨이 곧 나의 기쁨

보는 것만으로도 즐겁다

아내가 남편을, 남편은 아내를 보거나 생각할 때마다 즐거워야 몸에서 베타-엔돌핀이 솟아 건강하다. 상대를 좋아해 유스트레스를 받거나 자신이 유스트레스를 줌으로써 상대를 즐겁게 해주면 된다. 자기 때문에 상대가 즐거워한다면 그 모습을 보는 것만으로도 기쁠 것이다. 그러면 자신도 유스트레스를 받게 된다.

부부가 서로 유스트레스를 주고받는 관계라면 건강한 삶을 사는 것이다. 그러나 서로를 생각만 해도 괴롭거나 두렵다면 아드레날린이 분비되어 에너지를 고갈시키고, 결국에는 병에 걸리게 된다.

상대가 자신에게 유스트레스를 주기만, 자신을 좋아해주기만 바란다면 항상 불만스러울 수밖에 없다. 자신을 늘 즐겁게 해줄 수 있는 사람은 없다.

부부란 독립된 개체의 결합이지 통합된 개체는 아니다. 아무리 가까운 관계라 해도 남편과 아내가 항상 서로에게 꼭 맞출 수는 없다. 따라서 유스트레스를 느낄 수 있도록 상대를 좋아하고 즐겁게 해주려고 노력해야 한다. 이렇게 하는 것이 자신의 건강에도 좋다.

스트레스 해소법

일생을 살면서 부부가 서로에게 좋은 스트레스만 준다면 얼마나 좋을까. 하지만 현실은 그렇지 않다. 아무리 노력해도 어쩔 수 없는 디스트레스가 끊임없이 생긴다. 디스트레스를 최소한으로 줄이고 디스트레스가 발생하면 빠르고 건전하게 대처하는 수밖에 없다.

괴로울 때 괴롭다고 말하는 것만으로도 고통이 줄어든다. 이럴 땐 부부가 함께 디스트레스에서 벗어나는 방법을 찾아보자.

다음에 소개하는 '스트레스 해소법'을 제안하고 서로 도와주자. '스트레스 해소법'은 널리 권장되는 디스트레스 완화법이다. 스트레스를 느끼는 사람이 실천해야 할 일이지만, 배우자가 거든다면 효과가 더 클 것이다.

스트레스 해소법

1단계 : 하느님 · 평화 · 사랑 등 자기 믿음체계의 근거가 되는 단어를 떠올린다.
2단계 : 편안한 자세로 앉거나 눕는다.
3단계 : 눈을 감는다.
4단계 : 근육을 이완한다.
5단계 : 천천히, 자연스럽게 숨을 들이쉬고 내뱉으면서 그 낱말을 마음속으로 반복해서 읽는다.
6단계 : 잘하고 있는지 걱정하지 말고, 다른 사람이 끼어들면 잘하고 있다고 자신에게 말하면서 다시 반복한다.

7단계 : 10~20분 동안 계속한다. 시간을 보기 위해 눈은 떠도 되지만, 괘종을 사용해서는 안 된다. 모두 끝나면 조용히 앉아 눈을 감았다 뜬다.

8단계 : 하루에 1~2번 시행한다.

▌생활의 변화는 부부생활의 활력소

살아가는 동안 이사 · 전근 · 장기출장 · 해외파견, 자녀의 학업이나 결혼 등으로 인해 일상생활의 틀에 큰 변화가 찾아온다. 이러한 변화는 불편과 고통을 주기도 하지만, 신선한 활기를 불어넣기도 한다.

변화를 유스트레스로 활용할 줄 아는 지혜가 필요하다. 나아가 생활에도 잔잔한 변화를 줄줄 알아야 한다.

나쁜 스트레스가 쌓일 때 일상에서의 탈출이 효과적이듯이, 일상생활이 즐거워지려면 계획적인 변화가 필요하다. 부부가 여행이나 영화감상, 한바탕의 춤 등으로 생활의 변화를 즐길 줄 알아야 한다. 유스트레스가 되는 변화를 통해 부부생활을 활기 있게 이끌어가는 것이 인생과 부부생활을 훌륭하게 사는 지혜다.

부부가 함께하는 불면증 치료법

▌불면증의 원인은 스트레스

 불면증은 시달리는 본인도 고통스럽지만, 부부생활에도 큰 불편을 준다.
 보통 잠을 못 잔다고 해서 신체적 건강에 큰 문제가 되는 건 아니다. 숙면이 주는 쾌감이나 일시에 피로가 회복되는 즐거움을 누릴 수 없는 건 안타깝지만, 잠을 자지 않고 몇 시간 편하게 쉬거나 졸기만 해도 그날의 피로는 풀 수 있다.
 정작 문제가 되는 것은 잠이 오지 않는다고 걱정하거나, 잠을 자려고 안간힘 쓰는 정서적이고 정신적인 긴장이다. 고민과 긴장이 수면을 방해하므로 악순환이 계속된다. 이것이 불면증이다.
 불면증은 스트레스와 관련이 깊다. 불면증에서 벗어나려면 스트레스를 제거해야 한다. 그리고 스트레스를 이겨낼 수 있도록 안정감을 북돋워야 한다. 부부간에 신뢰하고 상대를 배려하며, 서로의 자긍심을 높여주고 인정과 존경을 아끼지 않으며, 다정스럽고 원만한 부부관계 이상 좋은 방법은 없다.
 불면증 극복을 위한 구체적인 행동방법을 소개하면 다음과 같다. 불면증을 극복하려는 스스로의 노력도 중요하지만 가장 가까이에서, 가장 효과적으로 도와줄 수 있는 사람은 바로 배우자임을 잊지 말자.

|불면증 치료법|

① 운동을 해서 휴식이 필요하게 만든다. 자기 전에 가벼운 산책을 해도 좋다.
② 카페인이 없는 따뜻한 음료나 우유를 마신다.
③ 소량의 알코올은 수면에 도움이 된다. 과음은 오히려 수면을 방해한다.
④ 따뜻한 물에 몸을 담가 기분이 나른해지도록 한다. 샤워는 도움이 안 된다.
⑤ 업무나 공부와 관련 없는 기분전환용 독서를 한다.
⑥ 침실의 온도를 20도 정도로 적당히 유지한다.
⑦ 조명·소리·환기 등을 고려해 침실을 아늑하게 만든다.
⑧ 잠자리에 누우면 숨을 깊이 들이마시고 내쉰다.
⑨ 생각을 멈추거나, 기도문을 암송하거나, 숫자를 헤아리거나, 아름답고 고요한 풍경을 생각하는 등 단순하고 반복적인 생각을 한다.
⑩ 대범하게 고민이나 스트레스를 떨쳐버리거나 정리해 마음의 평정을 갖도록 한다.

>>> 건강한 부부관계 전략 4 9장

성생활을 바르게 하자

부부에게 성은 생활이다
성에 대해 공부하자
성생활에 영향을 미치는 5가지 영역
남성과 여성의 생식계 바로 알기
성행위의 다양한 체위, 다양한 느낌
울리고 웃기는 성반응의 비밀
가짜 조루증 가짜 불감증
성적 만족의 요체는 전희에 있다
자기 부부에 맞는 성능력을 개발하자
부부 공동의 성능력 개발
감각적 여성이 되는 비법
이렇게 하면 성생활이 즐겁다
성능력을 개발하자

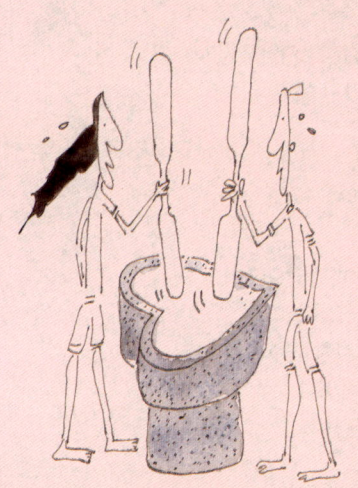

우나 오닐을 좀더 일찍 만났다면
사랑을 찾아 헤매는 일은 없었을 것이다.
세상의 단 한 사람에게만 느낄 수 있는 것이
바로 사랑이다.
-찰리 채플린

사람은 정열 때문에 결혼하지만
정열은 결혼보다 오래가지 못한다.
-탈무드

잃어버렸던 두 개의 반쪽이 만남으로써
하나가 되는 것, 이게 결혼이다.
쾌락이 끝나면 관계도 끝나는 사랑놀음이 아니다.
결혼은 평생의 약속이다.
-『신화의 힘』에서

> 부부에게
> 성은 생활이다

▎성(性)은 자연이며, 부부에게는 생활이다

"성격차이는 성의 격차다."

이혼하는 부부들에게 이혼사유를 물으면 흔히 성격차이 때문이라고 답한다. 그러나 알고 보면 성격차이가 아니라 성의 격차 때문인 경우가 많다. 그만큼 부부관계에서 성은 중요하다.

그러나 농담처럼 화젯거리로 삼을지언정, 성에 대한 체험을 이야기하거나 개인의 성문제를 솔직하게 논의하지는 않는다. 그만큼 개인의 성은 아직도 철저히 은밀하다.

성(性)은 인간에게 대자연이며, 부부에게는 일상생활의 중요한 부분이다. 알면 즐겁고 행복하지만, 잘 모르면 재미없거나 두려울 수 있다. 심하면 성은 더럽고 추하다는 강박관념에 사로잡힐 수 있다.

사람들은 의외로 성을 잘 모른다. 좀 알더라도 체계적이지 못하고, 어쩌다 알게 된 단편적인 지식에 지나치게 의존한다. 다른 사람의 경험을 답습하다보면 맞지 않는 경우도 생긴다. 성에 대한 지식의 바탕에 깔린 논리나, 다른 사람의 경험 뒤에 숨어 있는 인과관계를 모르고 무조건 자신의 생활에 적용하려고 하니 부작용이 생길 수밖에 없다.

두 부부의 성생활 이야기

"남편은 키스를 싫어해요."

아내는 결혼한 지 3년이 넘었는데 이제껏 키스를 한 번도 해보지 않았다고 했다. 남편은 목 부분에 손만 대도 깜짝 놀라고, 입술 근처로 가기만 해도 머리를 돌려버린다는 것이다. 반면 아내는 성행위보다 키스를 더 좋아했다. 영화를 보다가도 키스하는 장면이 나오면 그렇게 부러울 수가 없었다.

아내는 오르가즘을 느껴본 적도 없다. 남편은 성급했고, 아내는 만족스럽지 못했다. 아내는 남편이 자신이 뭘 원하는지, 어떻게 해야 즐거운지 전혀 알지 못한다고 생각했다. 물론 부부는 성생활에 대해 한 번도 진지하게 대화를 나눠본 적이 없다. 아내가 대화를 시도해도 남편은 그런 대화 자체를 가로막았다. 이해할 수 없는 일이었다.

아내는 점점 불만이 쌓여갔다. 처음엔 아내 스스로도 남편에 대한 불만이 성적인 불만족 때문이란 걸 깨닫지 못했다. 자꾸 남편에게 화를 내고 퉁명스럽게 대하게 되었고, 그로 인해 싸움이 잦아졌다. 그러나 아내는 드러내놓고 무엇이 문제인지 말할 수 없었다.

또다른 부부의 경우를 보자.

부부는 유학시절 만나 결혼한 사이다. 유학생활 덕분인지 부부의 성의식은 개방적이었다. 부부는 부부관계를 가진 후 얼마나 만족스러웠는지, 어떻게 하면 더 즐거운지에 대해 솔직하게 이야기했다.

덕분에 남편은 아내를 더 배려할 수 있었고, 아내 역시 남편을 더 잘 이해할 수 있었다. 부부는 매우 행복했다.

물론 성이 부부생활의 전부는 아니다. 그러나 부부의 성은 일상생활에까지 지대한 영향을 미칠 수 있다는 것을 잊지 말자.

성생활은 원만한 부부관계의 촉매제

부부는 성을 바르게 알고 바르게 즐겨야 한다. 결론부터 말하자면 성생활은 부부관계를 더욱 건강하게 촉진하며, 부부의 건강은 성생활의 즐거움을 증대시키는 선순환의 관계다.

따라서 부부관계를 연결하는 의사소통, 힘의 균형, 스트레스 역시 성생활과 깊은 관계가 있다. 이런 요소들이 원활하면 성생활이 더욱 즐거워지고, 즐거운 성생활은 이런 요소들을 원활하게 해주는 원동력이다. 성생활은 부부생활에서 그만큼 기초적이고, 효능도 다양하고 복합적이다.

성생활은 원만한 부부관계의 촉매제다. 즐거운 성생활은 궁극적으로 부부간에 상대의 성을 잘 이해해서 조화를 이룰 때 가능하다. 성은 안다는 것은 추상적인 지식만으로는 의미가 없고, 상대의 성에 대한 태도와 감각을 잘 연구하여 서로에게 가장 잘 어울리는 남녀가 되는 데 의미가 있다.

만족스러운 성생활을 위해서는 상대에게 자신을 맞추려는 노력이 중요하다. 여기에는 성에 대한 바른 이해가 필요하며, 이를 기초로 즐거운 성생활을 위해 나를 개발해야 하는 것이다.

우리나라에는 논리적으로 멋져 보이나 과학적으로는 검증되지 않은 '건강론'이 난무하는 실정이며, 성에 관해서는 더 말할 나위가 없다. 체계가 웬만큼 갖추어진 책은 비과학적이라는 의심이 들고, 과학적이다 싶은 책은 단편적인 지식을 밑도 끝도 없이 늘어놓는 경우가 많다. 그래서 지금부터 부부들에게 성에 대한 조언을 하고자 한다.

성에 대해 공부하자

▎남녀가 좋아하는 건 하늘의 섭리

성은 성에 대한 기본 욕구와 인식이라는 두 가지의 조합이다. 성에 대한 기본 욕구는 인간의 본능이고 선천적이지만, 성에 대한 인식은 학습이고 후천적인 것이다. 욕구와 인식은 서로 지배하고 영향을 미치므로 부부는 실제 성생활을 통해 조화를 이루어야 한다.

성은 인간의 기본 욕구다. '성'이라는 말은 이 세상에 남자와 여자가 존재하기 때문에 만들어졌다. 그리고 남자와 여자는 생리적으로 서로 좋아하게 되어 있다. 그래야만 종족을 보존할 수 있기 때문이다.

이는 대자연의 섭리다. 먹고 자고 배설하고 움직이는 것과 마찬가지로 이성과 즐기는 것도 인간의 기본 속성이다.

우리 몸은 주기적으로 호르몬이 분비되어 이성과 접촉하기를 원한다. 남성은 여성에 비해 수시로 욕구를 느끼지만, 여성은 한 달에 한 번 난자가 배출되는 시기에 호르몬 분비가 증가하면서 이성을 만나고 싶은 욕구가 강해진다. 종족을 보존하려면 호르몬 생성에 따라 이성과의 신체적 접촉에 대한 욕구와 이성을 좋아하는 강렬한 감정이 생겨나야 한다. 따라서 성적 욕구나 이성을 좋아하는 감정은 생체계의 자연스러운 섭리다.

생리적 욕구가 일면 이성을 그리워하지만, 그렇다고 이성이면 누구나 좋아하게 되는 것은 아니다. 좋아하는 이성을 만나면 사랑의 감정이 일어난다. 누군가를 사랑하고 누군가에게 사랑받고 싶은 정서적 욕구는 생리적 욕구와는 구분되면서도, 또한 긴밀히 연결된 인간의 기본 욕구다. 이것이 이성간의 사랑이다.

자연스럽고 즐겁게 향유하자

성에 대한 기본 욕구는 변하지 않지만 인식은 바뀐다. 욕구나 인식에는 모두 개인차가 있다. 욕구보다는 인식의 차이가 훨씬 크다. 따라서 성은 천한 것, 성스러운 것, 부끄러운 것, 야한 것, 대단히 즐거운 것 등으로 다양하게 인식되고 있다.

이처럼 성에 대한 인식은 학습된 성 지식, 자신이 속해 있는 사회의 성 관련 제도, 성의 가치체계에 따라 만들어진다. 따라서 성에 대한 인식은 성의 정신적·사회적·영적 측면을 포괄한다.

성에 대한 인식은 시대에 따라 변해왔고, 지금도 바뀌고 있으며, 지역에 따라서도 다르다. 사회변화에 따라 성에 대한 정신적·사회적·도덕적 시각이 달라지고, 지역에 따라 독자적인 문화가 형성되기 때문이다.

그러므로 성에 대한 인식은 개인과 사회에 따라, 시대와 지역에 따라 다르다. 그런 차이를 받아들인다면 성을 올바로 이해하고 즐길 수 있다. 성이란 부끄럽고 야하며 천한 면이 있는 반면, 자연스럽고 즐거울 뿐만 아니라 신비하고 성스럽기까지 한 측면도 있다.

사람에 따라 그중 어느 한 측면만을 강하게 느낄 수 있고, 같은 사람이라도 상황에 따라 다르게 느낄 수 있다. 중요한 것은 다양한 모습으로 다가오는 성을 고통스럽게, 또는 마지못해 받아들이기보다는 자연스럽고 즐겁게 향유해야 한다는 것이다.

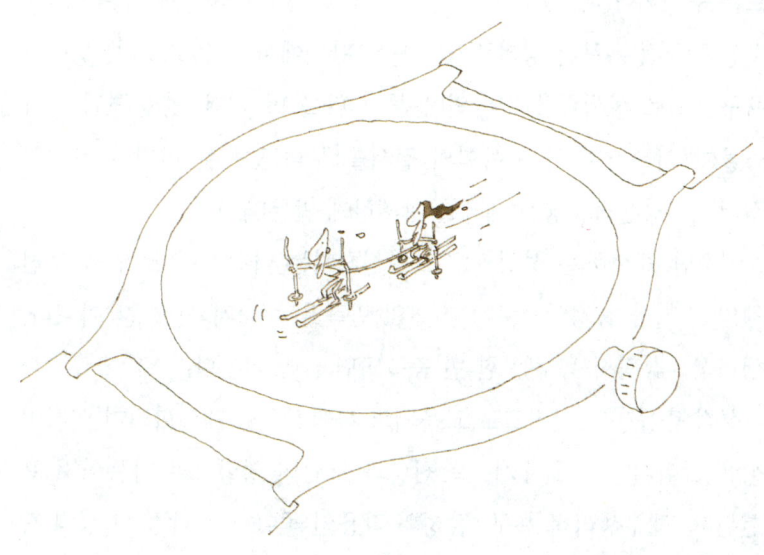

성생활에 영향을 미치는 5가지 영역

▍성생활을 제대로 즐기려면

'성'이란 말은 흥미를 자극하거나 약간은 불편하고 부끄럽게 만드는 구석이 있다. 이런 태도는 성에 대한 성숙하지 못한 반응이다.

성과 성적 욕구는 생리주기의 모든 단계에서 필수 요소다. 생리적 욕구만으로 성생활을 한다면 동물과 다를 바 없다. 충동행위는 사람들이 어우러져 사는 사회의 질서를 무너뜨릴 뿐 아니라 자신의 정서적·정신적·영적 세계를 황폐하게 만든다.

애정만 표현하는 성생활도 불완전하기는 마찬가지다. 인간은 신체의 생리와 감정만으로는 최대의 만족을 누리지 못할 뿐 아니라, 생리적·감정적 욕구는 한 번 충족되면 금방 식는다.

성적 충동은 정신적으로 교육되고 사회적으로 제도화되며 인간이 삶을 살아가는 가치체계, 즉 신념과 도덕의 영향으로 다듬어져 표현된다. 해부생리적 욕구, 감성의 작용인 좋아하는 감정, 지성의 작용인 학습, 삶의 과정에서 추구하는 가치, 사회질서를 위한 제도와 도덕의 영향을 받아서 성에 대한 지식·태도·행위가 형성된다. 성에 대한 욕구와 만족감의 정도도 이런 요소들에 따라 다르게 나타난다.

한마디로 성은 신체적·정서적·정신적·영적·사회적 측면의 총체적 표현이다. 그러므로 정신적·영적 차원에서 건강하고 사회적으로도 건강해야 비로소 성생활을 바르게 즐긴다고 할 수 있다. 즉 생리 및 감성적 욕구를 지성과 도덕 및 사회적 통념이나 제도에 걸맞게 표현하는 것을 배워야 하며, 이를 통해 성적 건강을 유지해야 한다.

성생활 자체가 건강해야 한다

성생활을 제대로 즐기려면, 우선 성생활 자체가 건강해야 한다. 성생활도 신체-생리적·정서적·정신적·영적·사회적 측면을 갖는다. 각 측면이 서로 보완하면서 총체적으로 건강과 그 징표가 되는 성생활에 즐거움을 가져온다. 그러므로 성의 범주를 이 다섯 가지 영역으로 나눌 수 있다. 즉 생리적·정서적·정신적·영적·사회적 영역으로서, 이들 각각의 영역은 다음 그림과 같이 나타낼 수 있다.

1) 신체-생리적 영역

성의 신체-생리적 영역은 성의 5가지 영역 중에서 가장 먼저 생각하게 되는 부분이다. 성에 대한 해부구조와 성적 자극에 대한 생리적 반응, 생식·임신에 따르는 변화, 사춘기 같은 일반적인 성장과 발달 등이 여기에 속한다. 성생활의 가장 기초가 되는 생리적 만족을 충분히 얻으려면 이를 잘 이해하고 관리해야 한다.

성의 범주

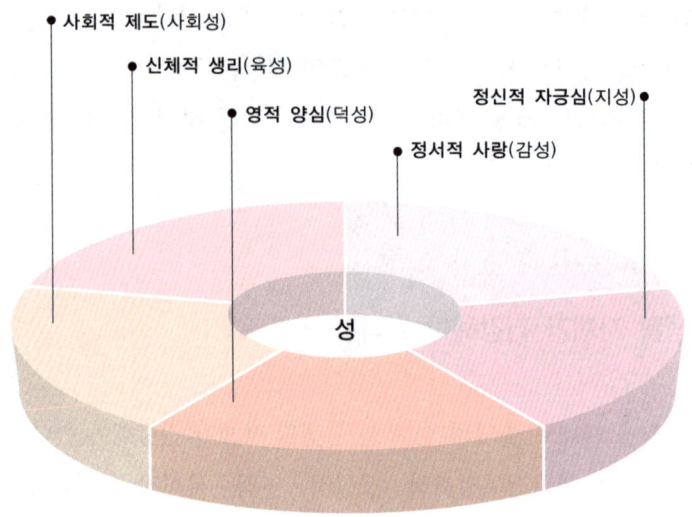

2) 정서적 영역

　성에 대한 정서적 영역은 인간의 기본 욕구인 사랑의 욕구로서 감정과 느낌의 변화 등을 의미한다. 이성을 좋아하고, 같이 있고 싶고, 접촉을 원하는 등의 감정이 생기는 것은 생리적 현상이다. 그래서 좋아하는 사람을 보는 것만으로도 가슴이 뭉클하고 좋은 기분을 느낀다. 성생활을 통한 만족감도 정서적 영역이다. 이 영역은 성생활의 감성적 만족도를 결정한다.

3) 정신적 영역

성의 정신적 영역은 성에 대한 자긍심 부분이다. 이는 성을 자연스럽고 즐거운 주제로 수용하는 정서적 영역을 넘어 부부간의 성생활에 정신적으로 자신 있게 임하도록 해준다. 성에 대한 진정한 자긍심은 학습을 통해 성에 대한 올바른 지식 · 기술 · 태도를 가질 때 비로소 가능하다.

4) 영적 영역

성의 영적 영역은 성의 옳고 그름, 성에 대한 긍정 또는 부정, 어떤 성행위를 해야 하느냐 마느냐 같은 가치판단의 영역이다. 이 영역은 종교 및 인도주의적 철학과 연관이 있다. 우리는 자주 성과 관련해 윤리적 또는 도덕적 결정을 해야 한다. 도덕적 만족감을 느낄 때 성생활의 만족감도 극치에 이를 수 있다.

5) 사회적 영역

성의 사회적 영역은 성에 관한 사고와 행동에 영향을 주는 사회적 요인들의 총체다. 역사적 배경, 인간관계, 사회에서 배우는 성과 관련된 모든 통념과 행태들을 포함한다.

동시에 이들 사회적 요인들은 가족 및 학교와 종교단체 등의 전통적인 관습과 더불어 라디오, 텔레비전 등 각종 매스컴의 영향을 받는다. 이것들은 사람들의 생각과 행동 양상에 깊은 영향을 끼친다. 따라서 사람들이 갖고 있는 개념은 사회적 요인에 노출된 결과다. 이 영역을 주체적으로 파악하고 관리할 줄 알아야 성생활을 능동적으로 즐길 수 있다.

특히 본능적 욕구는 순수한 것이고, 제도의 틀 속에서 학습된 인식은 불순하다고 생각하는 사람이 있다. 이들은 인식이 욕구를 억제하는 것은 위선이고 본능대로 행동하는 것을 순수라고 주장한다. 완전히 잘못된 생각은 아니라 해도 제도를 뛰어넘는 행동은 현실적 행복과는 거리가 멀다.

더욱이 자기만의 순수를 고집해 타인의 순수를 짓밟는다면, 이는 자기의 욕구충족을 위한 위선으로서 사회적 응징을 받아 마땅하다. 충동을 절제하는 것이야말로 한 차원 높은 순수일 것이다.

▎서로 긴밀히 연결되다

성의 5가지 영역은 서로 밀접한 관련이 있다. 정신적 자극은 월경주기의 생리적 기능에 영향을 미친다. 도덕적 감정은 정서적 반응에 영향을 주며, 생리적 충동이 사회적 돌출행동을 야기할 수도 있다. 이 성의 다섯 가지 영역은 끊임없이 상호 작용하므로 어떤 것이 더 중요하다고 말할 수 없다.

결국 신체-생리적·정서적·정신적·영적·사회적 영역들은 개인의 총체적 성을 구성한다. 성에 대한 분석을 위해 편의상 개인의 성을 각 영역들로 구분할 수는 있으나, 그것은 분리할 수 없는 전체다. 그러므로 서로 조화를 이루어야 한다.

성생활에 대한 불만족은 신체-생리적인 요소보다는 정서적·정신적인 요소가 더 중요하게 작용한다고 해서 성적 불만을 정신과 의사들이 치료하기도 한다. 성생활을 즐기려면 성에 작용하는 이상의 요소들을 자연스럽게 인정하고 받아들여 자신의 약한 부분을 강화해야 한다. 지금까지 성을 천한 것으로 여겼다면, 생각을 바로잡아 성생활을 즐겁게 받아들이자.

공인된 떳떳한 관계

부부는 성생활과 함께 성에 대한 학습을 마음 놓고 하도록 사회적으로 공인 받은 관계다. 즉 신체적으로 접촉하여 해부생리적 욕구를 충족할 수 있을 뿐 아니라, 서로 사랑하기 때문에 감성적인 욕구도 충만된 상태에서 성생활을 즐길 수 있다. 또한 사회가 부부간의 성관계를 최대한 보장하고 있으며, 정신적·도덕적으로 아주 떳떳하다. 그러므로 어떤 다른 사람과의 성관계보다도 훨씬 큰 만족을 얻을 수 있다.

그러나 일반적으로 성에 대한 생리적 기본 욕구와 감성적 기본 욕구를 충족하는 정도로 부부간의 성생활을 유지하면서 성에 대한 지적·영적 측면을 개발하려고 노력하지는 않는다. 그러다보니 생리적·정서적 욕구가 저하되면 부부의 성생활도 만족감이 감퇴하면서 권태로워진다.

심지어 생리적 욕구의 차원에서조차 해부생리에 대한 이해가 없어 성생활의 즐거움을 얻지 못하거나 얻어들은 엉뚱한 지식을 활용하다가 역효과를 내기도 한다.

　그러므로 부부는 성지식을 습득해 자신들의 성적 능력을 개발함으로써 만족스러운 성생활을 영위해야 한다. 성생활을 늘 즐겁게 하려면 이에 관한 해부생리를 알아둠과 동시에, 성에 대한 지적·영적 측면의 개발에 노력해야 할 것이다.

성생활의 첫 관문

　부부간의 성생활은 아이들의 성교육에도 영향을 미친다는 점에서 중요하다.

　성이 단순한 신체-생리적 현상만이 아니라 동시에 정신적·사회적 현상이라는 복합적 성격이라면, 성교육도 단순히 해부구조와 생리 기능의 교육에 그쳐서는 안 된다. 정서적·정신적·영적·사회적 제 측면을 포괄해야 한다. 즉 성교육이란 성에 대한 지식·태도·행위를 가르치는 것이라고 할 수 있다.

　성에 대한 태도의 학습은 성 그 자체를 생활의 일부로 자연스럽게 받아들이고 이를 긍정적으로 이해해 좋아하는 것이다. 성에 대한 행위의 학습은 바른 지식과 태도로 만족스러운 성행위를 할 수 있는 능력을 개발하는 것이다.

　올바른 성 지식은 긍정적인 태도와 행위를 발달시키는 데 필수다. 성과 관련한 편견의 주요 원인이 되는 공포와 불안감은 특수한 경험 때문이기도 하지만 대개는 무지해서다. 모르면 두려운 법인데,

성은 통상 은밀하다는 점에서 불안이 증폭한다.

한편 무지와 은밀함이 겹치면 엉뚱한 호기심을 유발하기도 한다. 성에 대한 호기심은 자연스러운 일이지만, 성이 엉뚱한 장난일 수는 없다. 성생활의 즐거움을 향유하는 일을 비유한다면 예술을 대하는 예술가의 '진지한 열정'과도 같은 것이다. 진지한 자세로 자신과 이성인 배우자의 성적 태도에 대해 이해를 넓히는 것은 성생활을 제대로 즐기는 첫 관문이다.

> 남성과 여성의 생식계
> 바로 알기

▎남자의 생식계 바로 알기

　남성과 여성의 생식계는 개체를 보존하기 위한 역할을 담당하는 기관으로, 외생식기와 내생식기로 이루어져 있다. 태어날 때 외생식기로 남녀를 구별하지만, 생식에서 중추적 역할을 하는 것은 성선(sexual gland)을 비롯한 내생식기다.

　아동기에는 생식계의 성장이 느리다가 사춘기에 이르면 매우 빠른 속도로 성장해 성인과 똑같은 생식구조와 능력을 갖춘다. 서로 상대의 구조와 생리를 알아두면 원만한 성생활에 큰 도움이 될 것이다. 이제 남성 생식계부터 살펴보자.

　남성 생식계는 음경과 음낭을 포함하는 외생식기와 고환, 정관, 정낭, 전립선, 구요도선 등을 포함하는 내생식기로 이루어진다.

　고환(testes)은 2개의 계란형 기관으로서 음낭 속에 있다. 이것은 태생기 때는 태아의 복강에 위치하고 있다가 마지막 2개월 동안에 음낭 속으로 하강한다. 고환에는 정자(sperm)를 생산하는 정세관망(seminiferous tubules)과 남성 호르몬인 테스토스테론(testosterone)을 분비하는 간질세포(interstitial cells)가 있다.

　정자세포는 뇌하수체의 간질세포 자극 호르몬(ICSH)의 분비로 자

남성 생식계 해부도

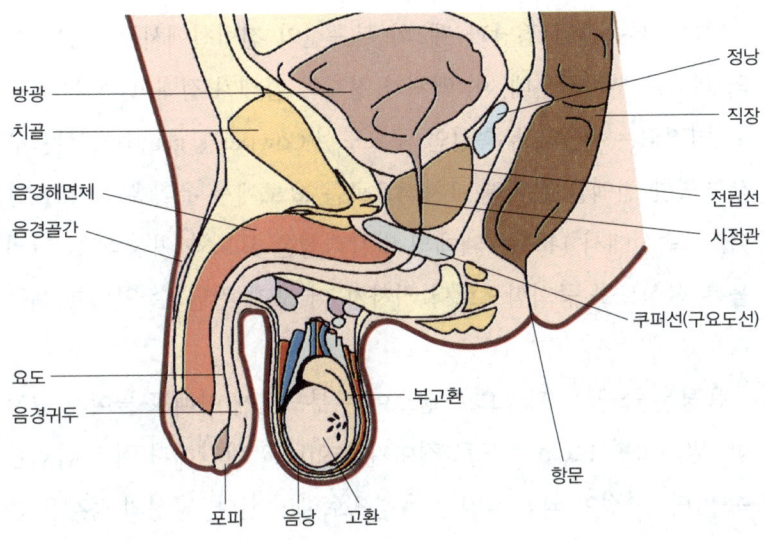

극받아 열한 살쯤 성장하기 시작한다. 간질세포 자극 호르몬은 테스토스테론의 분비를 자극하고, 다시 테스토스테론은 사춘기에 시작하는 2차 성징의 점진적인 발달과 정자 형성을 가능하게 해준다. 열다섯 살이 되면 뇌하수체 전엽의 여포자극호르몬(FSH) 분비로 수정 가능한 성숙한 정자를 생산하기 시작한다.

고환의 정세관에서 하루에 2억 개 정도 생성되는 정자는 부고환으로 이동해 2~3주 동안 저장된 후, 약 45cm 길이의 정관을 통해 복강 속의 정관 말단부에 저장된다. 이어서 정관 말단과 제1의 부속선인 정낭(seminal vesicle)이 합쳐져서 전립선(prostate gland)을 관통하는 약 2.5cm 길이의 사정관(ejaculatory duct)으로 이행하며, 마지막으로 음경 속을 지나는 요도(urethra)를 통해 배출된다.

제1의 부속선인 정낭과 제2의 부속선인 전립선에서는 알칼리성의 액체를 분비하는데, 이 액체가 정자와 합해져 정액이 된다. 요도로 연결되는 제3의 부속선인 구요도선(Cowper's gland)에서는 무색투명한 점액을 분비해, 1차적으로는 요도에서 윤활유 작용을 한다. 부속선에서 나오는 액체의 알칼리성은 요도와 여성의 질 안의 높은 산성도를 중화함으로써 정자가 더 오래 견딜 수 있도록 해준다.

음경은 둥근 통 모양으로 평소에는 부드럽게 아래로 늘어져 있지만, 발기하면 11cm 정도로 길이가 늘어나고 단단해져 질에 삽입할 수 있다. 사정이 되면 정자는 음경으로 배출된다. 남성의 성감은 음경의 끝부분인 귀두를 부드럽게 마사지해주면 흥분한다. 음경의 귀두가 성적으로 가장 예민하다.

여성의 생식계 바로 알기

여성 생식계는 대음순과 소음순, 음핵, 치구, 질전정으로 이루어진 외생식기와 질, 자궁, 나팔관, 난소로 이루어진 내생식기로 나뉜다.

먼저 외생식기를 보면, 대음순은 질 입구를 덮고 있는 세로의 긴 피부주름 부위이며, 그 안쪽에 좀더 작은 소음순이 있다. 소음순은 위쪽에서 연결되어 음핵을 포함하며, 이것은 성적으로 매우 예민한

여성 생식계 해부도

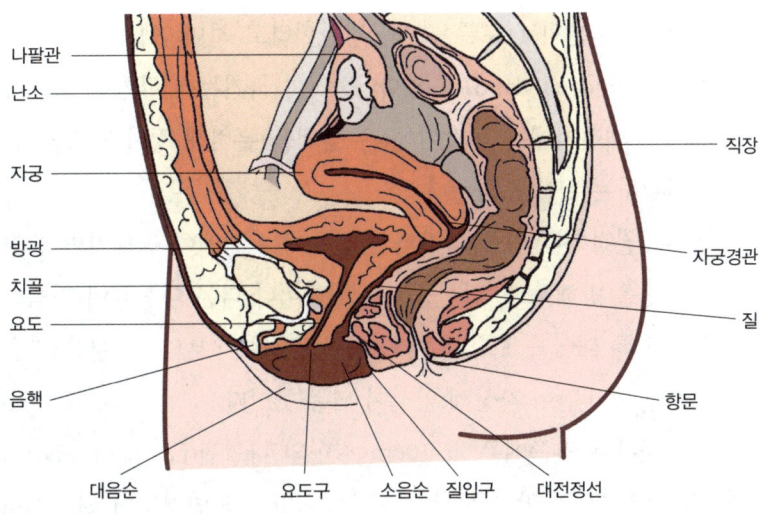

부위다.

소음순으로 싸인 질전정에는 소변이 배출되는 외요도구가 있고, 그 아래로 질구가 열려 있다. 질의 양쪽 입구에는 남성의 구요도선에 해당하는 대전정선(Bartholin's gland)이 있어 성적 흥분기에 윤활유 역할을 하는 액체를 분비한다.

질의 외부와 내부의 경계부위에는 얇은 조직층으로 된 처녀막(hymen)이 있다. 이것은 첫 성교시 쉽게 파열하지만, 격렬한 신체활동을 하거나 피임기구를 삽입했을 때도 파열할 수 있다.

내생식기인 질(vagina)은 주름이 많은, 약 9cm의 길이로 된 확장

성 관으로 성교시에 음경을 받아들이는 곳이다.

자궁(uterus)은 앞쪽의 방광과 뒤쪽의 직장 사이에 있다.

자궁 아래 3분의 1 부분을 자궁경관이라고 하며, 액체를 분비하는 점액선(mucous gland)이 있다. 점액의 묽기는 배란주기에 따라 달라진다. 배란기에는 물같이 묽은 점액을 분비해 정자가 자궁 안으로 진입하는 것을 도와준다.

그러나 월경 전후의 불임기와 임신중에는 점액이 진해지면서 정자의 진행을 방해하고, 임신중에는 세균이나 다른 이물질이 침범하지 못하도록 태아를 보호해준다. 자궁의 상부 3분의 2부분은 자궁체부로서, 수정란이 착상해 임신이 되는 곳이다.

자궁 윗부분 양쪽에는 약 10cm 길이의 나팔관(fallopian tube)이 연결되어 있다. 나팔관은 각각 난소(ovaries)와 연결되어 난소에서 생성된 난자를 자궁으로 보내는 통로 역할을 한다. 또 나팔관 상부 3분의 1부위에는 난자와 정자의 수정이 일어난다.

난소는 남성의 고환에 해당되는 것으로, 크기와 모양이 껍질을 깐 아몬드와 유사하다. 난소의 주요 기능은 난자와 여성 호르몬의 생산으로, 보통 한 달에 한 개씩의 난자를 생산한다.

난소에서 분비하는 여성 호르몬은 여성의 2차 성징을 발달시킨다. 그러나 여성 호르몬의 1차적 기능은 수정란이 안전하게 착상할 수 있도록 자궁내막을 준비시키는 것으로서, 월경과 직접 관련이 있다.

월경은 평균 1년에 13번씩 약 35년간 지속되다가 폐경이 되면 난소는 쭈그러들고 호르몬 생산도 중단된다.

월경 주기는 부부 모두 알아야

정상적인 출산기의 여성은 수정란이 착상할 수 있도록 매월 주기적으로 자궁점막이 두터워지고 부드러워진다. 이것은 임신되지 않으면 탈락하는데 이 현상을 월경(menses)이라고 한다.

초경은 보통 12~15세에 시작한다. 이는 영양상태와 유전, 체중, 전반적인 건강상태에 따라 달라진다. 처음 1~2년간은 무배란성이다. 월경은 45~55세까지 계속되며, 월경주기는 평균 28일로 수일에서 일주일 정도 짧아지거나 길어질 수 있다. 자신의 월경주기를 알아두면 임신이나 피임, 전반적인 건강을 점검해볼 수 있다.

월경주기는 월경기, 증식기, 분비기로 구분한다. 먼저 월경기는 월경 시작 첫날부터 5~7일간 지속되면, 이는 임신되지 않았다는 것을 의미한다. 이 기간의 출혈량은 100cc 내외이고, 첫날에는 양이 많다가 점차 감소한다.

자궁은 수정하려고 증식했던 자궁내막 조직을 제거하기 위해 수축해야 하기 때문에 월경통이 오기도 한다. 월경통을 느끼는 사람이 있고 그렇지 않은 사람이 있다. 보통은 첫아이를 출산하고 나면 사라지지만 출산 후까지 계속되는 경우가 간혹 있다.

증식기는 월경이 끝나고부터 약 1주간 지속된다. 이 기간에 뇌하수체의 여포자극호르몬(FSH)의 영향을 받기 시작해 난소에서 에스트로겐(estrogen)을 분비한다. 에스트로겐은 월경 후 얇아진 자궁내막을 다시 증식한다. 에스트로겐이 충분히 분비되면 뇌하수체의 여포자극호르몬은 감소하고, 이제는 배란에 필요한 황체형성호르몬

월경 주기와 호르몬 분비의 양상 변화

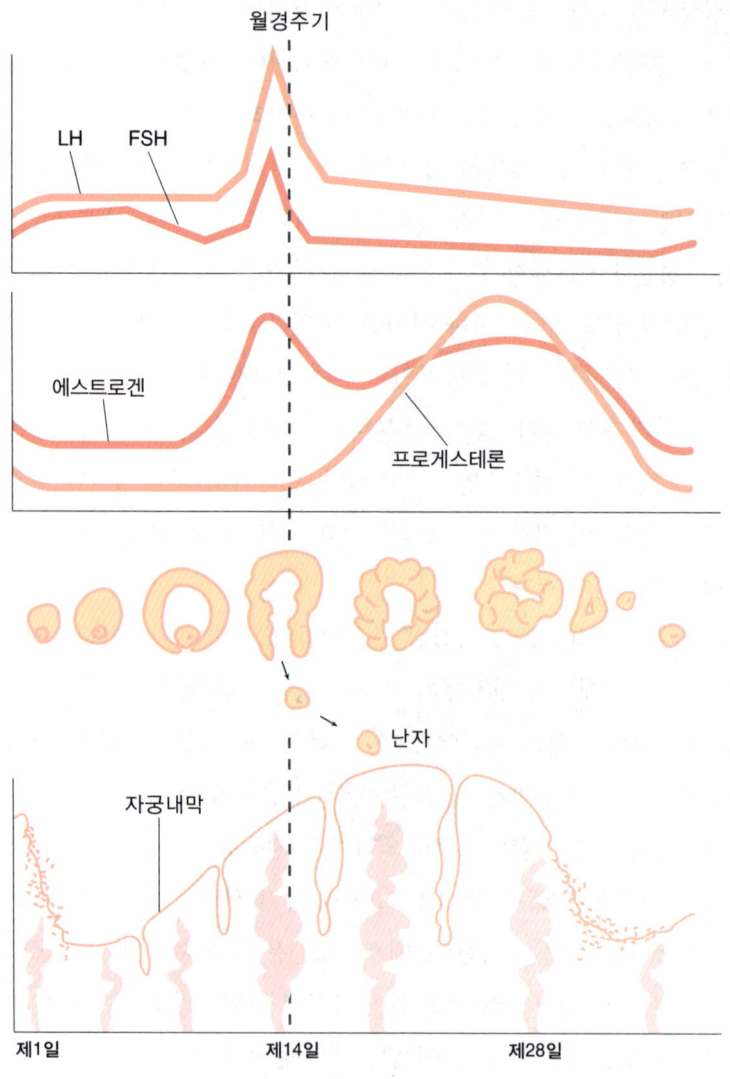

(LH)의 분비를 증가시켜 난소에서 배란이 일어나도록 한다.

배란된 난자는 나팔관의 난관체에 재빨리 잡혀 들어가며, 나팔관의 상부 3분의 2부위에서 24~36시간 동안에 수정될 수 있으나 수정되지 않으면 분해 흡수된다.

분비기는 배란 후 난소에서 여포로부터 황체가 형성되면서 시작되어 약 2주간 계속된다. 난소 내의 황체에서는 에스트로겐과 프로게스테론을 분비하며, 프로게스테론은 자궁내막을 수정란이 착상하기 쉽도록 임신을 돕는다.

임신되지 않으면 뇌하수체의 황체형성호르몬의 분비가 중단되면서 월경주기 약 24일경부터 황체가 퇴화하기 시작한다. 따라서 월경 제28일경에는 에스트로겐과 프로게스테론 분비가 현저히 감소함으로써 증식된 자궁내막이 탈락해 분비기가 끝나고 다시 월경기가 시작된다.

성생활의 다양한 체위,
다양한 느낌

가장 밀착감이 높은 체위

성교는 남성의 성기를 여성의 질에 삽입하는 것을 말하며, 여러 가지 자세가 가능하다. 남성이 여성의 앞쪽에서 삽입하는 자세와 뒤쪽에서 삽입하는 자세, 바로 누운 자세와 옆으로 누운 자세, 앉은 자세와 선 자세, 이것들의 조합만으로도 여덟 가지의 기본자세가 나온다.

가장 보편적인 체위는 서로 얼굴을 마주보고 남성이 여성의 위에 위치하는 자세다. 이를 정상체위라고 한다.

바로 누운 자세에서는 남성상위와 여성상위가 구분된다. 다른 체위에서도 남성이 적극적인 자세와 여성이 적극적인 자세를 구분할 수 있다. 그밖에 기본자세의 일부를 얼마든지 변형할 수 있다. 의자나 침대 등 보조도구를 활용한 자세도 가능하다.

가장 깊숙이 접촉되고 밀착감이 높은 체위는 정상체위다. 그러므로 정상체위를 기본으로 다양한 자세를 간간이 활용하는 것이 이상적이다. 특히 정상체위에서 여성상위는 특별한 때만이 아니라 통상적으로 활용해도 무방하다. 한 번의 성교에서도 여러 가지 체위를 동원할 수 있지만, 마무리는 정상체위가 일반적이다. 가장 깊숙한 극치감을 느낄 수 있는 체위이기 때문이다.

여러 가지 체위의 모양과 그것이 주는 성감의 특성을 설명한 책은 많은 편이므로 참고하면 될 것이다. 그러나 체위와 자세에 관해서는 사실 별도의 공부가 필요없다고 해도 과언이 아니다. 그보다는 부부가 여러 가지 체위를 활용해 성생활을 즐기고자 하는 합의, 또는 분위기가 더 중요하다. 이론을 몰라도 체험으로 터득할 수 있고, 그런 경험이 훨씬 소중하기 때문이다.

기타 성행위의 방법과 자세

성교 이외에도 다양한 형태의 성행위가 있다. 그중에는 성적 경험을 풍부하게 하는 데 도움이 되는 것도 있지만, 비정상적이고 때로는 부작용을 일으킬 수 있는 것도 있다. 성적 만족을 위해서는 다양한 방법과 자세를 활용하는 것은 좋다. 명심할 것은 성생활의 대종은 정상적·일반적 성행위라는 것이다. 배꼽이 배보다 크면 부작용이 따르게 마련이다.

기타 성행위에 대해 알아보자.

1) 수음

수음은 스스로 생식기를 자극해 성적 만족을 얻는 행위다. 사춘기가 지나면서 자위행위를 하게 되는데, 특히 남성의 비율이 높다.

많은 사람들이 수음을 죄악시하고 해로운 것으로 생각한다. 하지만 때론 건강한 성장과 발달에 중요한 역할을 하며, 성욕을 풀 수 있는 안전한 출구가 되기도 한다. 그래서 오늘날 대부분의 성치료가나 연구가들은 수음을 정상적인 행위로 본다. 특히 여성은 혼전에 수음을 하게 되면, 이른바 '감각적 여성(a sensuous woman)'이 될 수 있다는 연구결과도 있다.

일반적으로 결혼하거나 나이 들면 자위행위는 급격히 줄어든다. 만일 결혼한 부부가 자위행위를 더 즐긴다면, 부부간의 성생활이 만족스럽지 못하기 때문이다. 이런 부부는 부부간의 성교기술을 개발해 자위행위보다 더 즐겨야 한다.

자위행위가 지나치면 피로하게 되므로 욕구가 넘칠 때는 운동을 하든지 관심을 다른 데로 돌리는 게 좋다. 그리고 성기에 외상이 생기지 않도록 부드럽게 해야 하고, 청결해야 염증이 생기지 않는다.

2) 구강성교

구강성교는 입으로 남성 또는 여성의 성기를 자극해 쾌감을 유도하는 성행위다. 입이나 성기 부위의 미세한 상처를 통해 병균이 옮을 수 있으므로 구강성교는 삼가는 게 좋다.

성교 전에 혀로 성기를 애무해 성감을 극대화할 수 있는데, 이때에도 상처가 생기지 않도록 조심해야 한다. 성기는 여리고 예민한 곳이라 부드럽게 다뤄야 성감이 좋다.

3) 변태성 성교

여성의 항문에 사정하는 항문성교는 매우 비위생적이다. 외상의 가능성이 훨씬 높아 염증성 질환이나 성병 등도 전염될 수 있으므로 절대로 해서는 안 된다.

폭력적이거나 변태적인 성교를 즐기는 사람이 있는데, 성적인 부분에서 정신병적인 성향을 가진 사람이다. 정신병적인 성향임을 알고 스스로 고치도록 노력해야 한다.

울리고 웃기는 성반응의 비밀

3분과 13분의 차이

우리는 일상생활에서 여러 형태로 성적 자극에 반응하며 살아간다. 그러나 최근에야 성에 대한 과학적 지식과 개념이 구축되었다. 특히 매스터즈와 존슨(Masters & Johnson)은 특정한 실험적 상황에

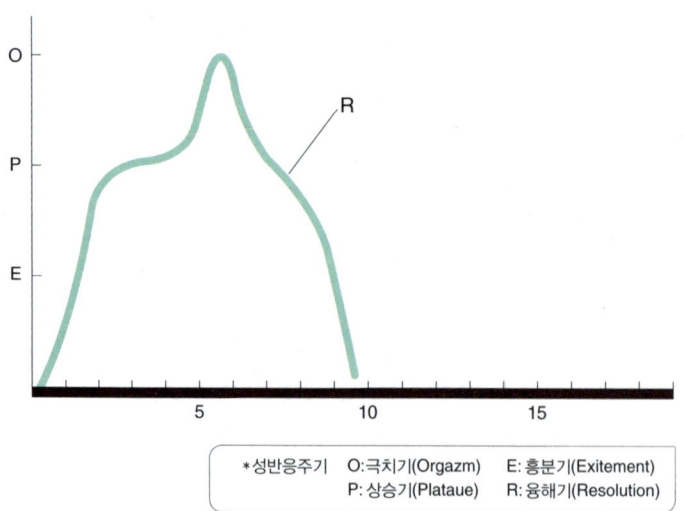

*성반응주기 O:극치기(Orgazm) E:흥분기(Exitement)
P:상승기(Plataue) R:융해기(Resolution)

서 오랜 기간 수많은 남성과 여성의 성행동을 연구·발표했다. 이 연구결과는 널리 인정받았다. 성적 자극에 대한 인간의 생리적 반응을 파악한 것은 의의가 크다.

성적 반응은 신체-생리적·정서적·정신적·영적·사회적 요인의 영향을 받는다. 매스터즈와 존슨은 인간의 성적 반응을 4가지의 연속적인 단계, 즉 흥분기-상승기-절정기-융해기로 구분했다.

중요한 사실은 남성의 성적 반응시간이 평균 3분인 반면, 여성은 평균 13분이라는 것이다. 다시 말해 남성은 흥분기에서 절정기까지 3분 정도면 도달하는데, 여성은 13분이 걸린다.

성반응의 4단계 특징

1) 흥분기

흥분기는 성적 반응이 처음 나타나는 단계다.

남성의 경우 혈액이 음경으로 흘러 들어가는 속도가 나오는 속도보다 더 빨라짐으로써 음경이 팽창하고 발기한다. 고환이 상승하고, 음낭의 피부는 긴장해 두꺼워진다.

여성은 질의 분비물이 많아지고 음핵과 질, 유방과 유두가 커지며 질의 길이가 늘어나고 자궁은 상승한다.

남성과 여성 모두 피부의 충혈현상이 상체, 특히 얼굴에서 일어난다. 온몸의 근육이 긴장되고, 심박동수와 혈압이 증가하게 된다.

남성과 여성의 성반응 주기

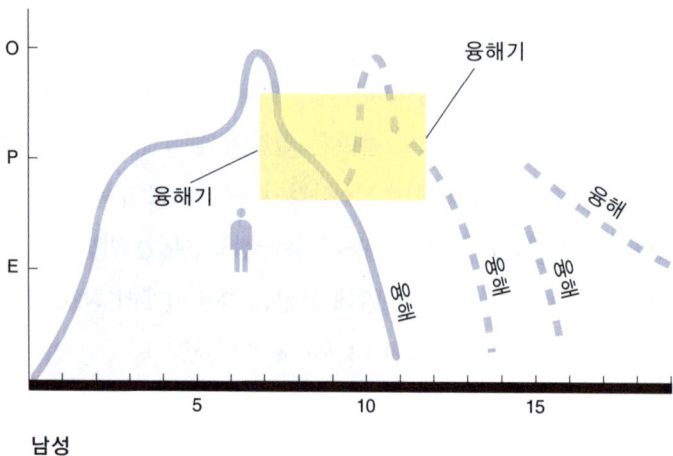

남성

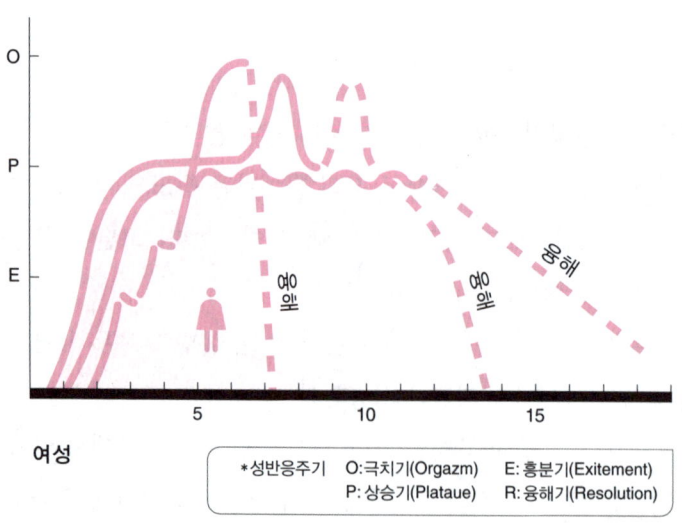

여성

*성반응주기 O:극치기(Orgazm)   E: 흥분기(Exitement)
P: 상승기(Plataue) R: 융해기(Resolution)

2) 상승기

상승기는 흥분기의 변화가 꽤 진행된 상태다. 음경과 질의 혈관충혈이 최고도에 이르러 더욱 팽창하고, 피부의 홍조현상이 전신으로 퍼진다.

남성에게서는 구요도선에서 나오는 점액성의 투명한 액체가 두세 방울 보인다. 이 액체에 정자가 있을 수 있으므로 임신을 원하지 않으면 주의해야 한다.

여성은 질의 혈관 충혈로 질 주위의 성기관이 팽배해 걷기가 힘들 만큼 부어 있는 느낌, 부드럽고 탄력이 있는 느낌, 질이 완전히 열려 있는 느낌(옥문이 열린다는 느낌), 고조된 감정이 온몸으로 퍼져나가는 느낌이 든다. 그리고 소음순의 색깔이 밝은 적색에서 짙은 포도주색까지 여러 가지 색깔로 변한다.

3) 절정기

성감각 중에서 최고의 쾌감이 느껴지는 절정기는 남성과 여성이 비슷하다. 근육의 수축이 수초에서 약 1분간 골반 부위 내에서 일어난다. 이는 신체의 다른 부위에서도 일어날 수 있다.

남성은 음경 내 요도 및 음경 기저부의 율동적인 수축이 수초간 일어나며, 정액이 0.8초 간격으로 3~7회에 걸쳐 발기한 음경에서 분출한다. 오르가즘 이후 남성은 일정한 시간이 지날 때까지는 성적 자극에 반응하지 않는다. 이 기간을 성적 불응기(refractory period)라고 한다.

여성은 성적 불응기가 없으며, 비교적 짧은 시간 안에 잇달아 몇 번의 오르가즘을 느낄 수 있다. 절정기에 이르면 쾌감이 온몸으로 퍼진다. 성교시 질의 앞부분을 자극했다면 음핵 등 음부의 앞부분을 중심으로 몇 번의 수축과 쾌감이 있고, 질의 뒷부분을 자극했다면 항문과 직장 등에서 수축과 쾌감이 일어나며, 등뒤로 쾌감이 퍼져나간다. 이러한 느낌은 사람마다 차이가 있고, 또 성교시마다 다르다.

4) 융해기

융해기는 성반응 주기의 마지막 단계다. 성반응 특유의 생리적 신체변화가 흥분기 이전의 상태로 되돌아가는 것이다.

가짜 조루증과 가짜 불감증

▌변강쇠와 옹녀

 성능력이라면 흔히들 상대를 성적으로 만족시키는 능력으로 생각한다. 그러나 스스로 성적 만족을 얻는 능력, 성생활을 즐길 줄 아는 능력이 더 중요하다. 상대를 충분히 만족시킬 때 자기도 최대의 만족을 얻게 되는 것이 부부의 성생활이므로 동전의 양면과 같은 개념이지만 주안점이 다르다.

 성적 만족의 정도는 매스터즈와 존슨이 말한 성반응의 4단계를 얼마나 흡족하게 거쳤는가에 달려 있다. 그러니까 성능력이란 성반응의 4단계를 제대로 거칠 줄 아는 능력이다.

 그런데 흔히 사람들은 자신은 상대가 반응하도록 자극하고, 자신 역시 상대의 자극에 반응한다고 생각한다. 따라서 성적으로 불만스러운 이유가 상대가 무능력하기 때문이라고 결론짓는다. 절반은 맞고 절반은 틀린 생각이다. 불만은 자신의 무지와 무능 때문일 수 있다.

 '변강쇠'는 정력이 왕성한 남자의 대명사다. 그의 짝 '옹녀'는 음심이 강한 여자의 대명사다. 사람들은 은근히 이들을 부러워한다. 성기가 특별히 크거나 색정이 강한 인물들은 사마천의 『사기(史記)』에도 여럿 등장한다. 이처럼 특별한 경우도 있지만, 분명한 것은 이들이 매우 특별한 사례라는 점이다. 특별한 것은 신체적 또는 정신적으로 병일 수 있다.

특별한 신체조건 때문에 배우자가 견디지 못하고 일찍 죽거나 도망가서 불행하게 되었다는 얘기가 흥미 반 동정 반으로 전해오는 마을도 있다. 병이든 아니든 이들은 특별해서 대개가 불행할 수밖에 없었다. 맞는 짝을 찾기가 힘들기 때문이다.

큰 남성과 작은 남성

성기의 구조나 생리적 반응은 사람마다 다르지만, 병적인 요인이 아니라면 큰 차이는 없다. 사람은 누구나 잠재력을 갖고 있다.

성의 신체생리는 선천적인 것과 후천적인 것에 따라 차이가 있다. 선천적인 것은 유전이다. 성기관의 크기나 모양, 민감도 등이 사람마다 다른 것은 이 때문이다. 이런 차이는 무시해도 좋을 만큼 사소한 부분이다. 사람마다 눈·코·입의 크기와 모양이 다르지만 그 기능은 별 차이가 없는 것과 같다.

성기관의 크기를 따져본다면 보통 남성의 음경길이는 평균 11cm 정도지만, 여성의 질은 깊이가 평균 9cm 정도로 짧다. 음경과 질의 길이가 다르더라도 성관계에는 문제가 없다. 평상시 작은 남성의 성기는 발기하면 몇 배로 커지지만, 큰 성기는 발기하면 별로 커지지 않는다. 그러므로 발기하면 모든 성기의 크기는 비슷해진다.

그러고 보면 조물주는 참 공평하다. 성에 관련해 사람은 특별할 것도 모자랄 것도 없다. 한마디로 성에 대한 해부구조나 생리기능은 선천적으로 비슷하며, 성기능이 성기관의 모양이나 크기와는 별로 상관없다고 봐도 좋다.

매스터즈와 존슨의 연구결과, 남성의 성능력이나 여성의 성반응은 남성의 음경 크기나 여성 성기의 모양과는 상관없음이 밝혀졌다. 다시 말하면 오르가즘은 성기관의 구조나 모양과는 상관없이 부부가 오랫동안 성생활을 통해 서로를 이해하고 배려하면서 서로의 만족을 위해 얼마나 연구하고 개발했느냐에 달려 있다.

성반응 주기가 만족도를 결정한다

선천적 기능과는 달리 후천적 생리기능은 사람에 따라 차이가 크다. 성반응 주기를 온전히 겪지 못하는 사람도 있고, 성반응 주기를 똑같이 겪더라도 만족도는 다를 수 있다. 부부가 얼마나 노력했느냐에 따라 성적 만족도는 달라진다.

만족스런 성생활은 부부의 삶에 활력을 주는 중요한 요소다. 그러므로 당연히 부부는 정상적인 '성반응 주기'를 통해 성적 만족도를 높이려고 노력해야 한다. 성감을 개발하면 성생활의 만족도를 크게 높일 수 있다. 특히 여자는 성기의 구조가 남자보다 복잡하고 후천적인 성감 개발에 따라 성반응의 차이가 크다. 그리고 남자에 비해 성반응 주기가 훨씬 길다. 반응속도가 느린 것이다. 성감을 개발하려고 할 때 이 점을 명심해야 한다.

정력제, 효과가 있을까?

많은 남성들이 이른바 정력에 좋다는 약이나 음식을 먹는다. 성생활의 만족도를 높이고자 널리 행해지는 일이다. 성기의 생김새나 성감과는 다른 차원인 정력이라는 성능력을 기르려는 것이다.

정력이란 전반적인 건강의 종합적 징표다. 일상생활에서뿐만 아니라 성생활에서도 매우 중요하다. 건강이 좋지 않으면 만족스런 성생활을 기대할 수 없다. 그럴 때는 그 수준에 맞도록 절제된 성생활을 통해 만족을 얻는 지혜를 가져야 한다. 그러면서 건강회복에 힘써야 한다.

정력제는 고단백 식품이 많으므로 건강회복에 도움을 줄 수 있다. 그러나 성적인 정력만을 보강하는 약이나 식품이라면, 이는 건강을 망치기 쉽다. 적당한 성생활은 삶의 활력소이자, 건강증진의 촉매제지만 지나친 성생활은 건강을 해친다.

과도한지 적당한지는 평소 건강수준과 관련 있다. 허약한 사람이 성욕만을 강하게 자극해 분출한다면 어떻게 될까? 복상사(腹上死)가 괜히 일어나는 게 아니다.

일시적으로 성능력을 과시하고 싶어서든, 남편에게서 흡족한 서비스를 받아보고 싶은 욕심에서든, 이러한 행위는 무지의 소치다. 일시적인 향락은 결코 행복을 줄 수 없다.

성능력을 개발하자

성능력 개발에는 왕도가 없고 순리에 따르면 된다.
첫째, 일반적인 건강증진에 힘쓴다.
둘째, 최대한 만족을 얻기 위해 스스로 성감을 개발한다.
셋째, 배우자의 성적 특성을 올바로 이해해 상대에게 맞춘다.
능력껏 성생활을 한다면, 부부관계는 늘 즐거울 것이고, 건강도 증진될 것이다. 건강한 부부관계는 여기서 완결되는 셈이다.
성능력을 개발하자면 부부가 각자 또는 함께 노력해야 할 부분이 있다. 항상 상대를 배려하면서 자기의 성감은 각자가 책임져야 한다. 상대가 자신을 만족시켜주는 것이 아니다. 스스로 만족할 수 있어야 한다. 그렇게 되도록 자기를 개발하고, 배우자의 그런 노력을 도와주어야 한다.
노력하지 않는 사람에게 최대의 만족을 줄 사람은 없다. 상대가 자신을 아무리 사랑해도 불가능하다. 상대를 사랑하는 마음이 간절하고 능동적으로 성을 누리고자 할 때, 상대의 노력이 자신에게 최대의 만족을 주는 것이다.
부부 쌍방이 각각 자기를 성적으로 개발하고 상대를 배려할 줄 안다면 이는 최상이다. 그렇지 않다면 자기만이라도 성적으로 개발해 즐기면서 상대를 유도해야 한다. 이것이 차선이다. 자신은 아무런 노력도 하지 않으면서 성적 불만족을 상대의 탓으로 돌린다면 이는 최악이다.

불감증이 아니라 미감현상

 굳이 성병이 아니라도 성적인 문제로 정신과, 산부인과, 비뇨기과, 내과 등의 치료를 받아야 할 경우가 간혹 있다. 남성의 조루증과 여성의 불감증도 그중 하나다. 이는 부부의 성생활에 큰 장애이므로 치료해서 고쳐야 한다.
 그런데 많은 사람들이 혼자서만 조루증이나 불감증이 아닌지 은근히 불안해하거나 배우자가 그렇다며 불만스러워한다. 대개는 조루증이나 불감증이 아니다. 그런데 왜 그렇게 생각할까?
 남성과 여성의 성반응 주기가 각각 평균 3분과 13분으로 둘 사이에 큰 차이가 있기 때문이다. 그림에서 보듯이 남성이 오르가즘에 도달했을 때 여성은 겨우 흥분기에 있다가 성교가 끝나버리기 십상이다.
 이것은 불감증(不感症)이 아니라 미감현상(未感現狀)이다. 불감증은 아니지만 불만스러운 일임에는 틀림없다. 성의를 다했는데도 아내가 아무 반응이 없다면 남편은 거꾸로 자신의 조루증을 의심할 수도 있다.
 부부간에 성반응 시간을 고려해 보조를 맞추는 것이 매우 중요하다. 성능력 개발도 구체적으로는 여기에 초점을 두어야 한다. 성능력 개발이란 상대와의 성생활을 통해 최대의 만족을 얻으려는 것이기 때문이다.

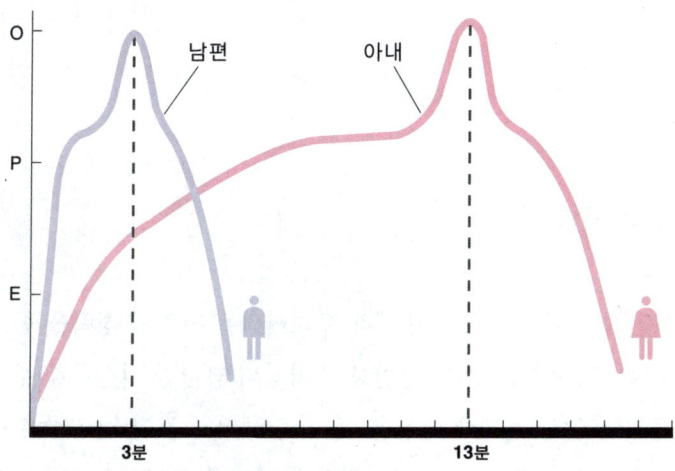

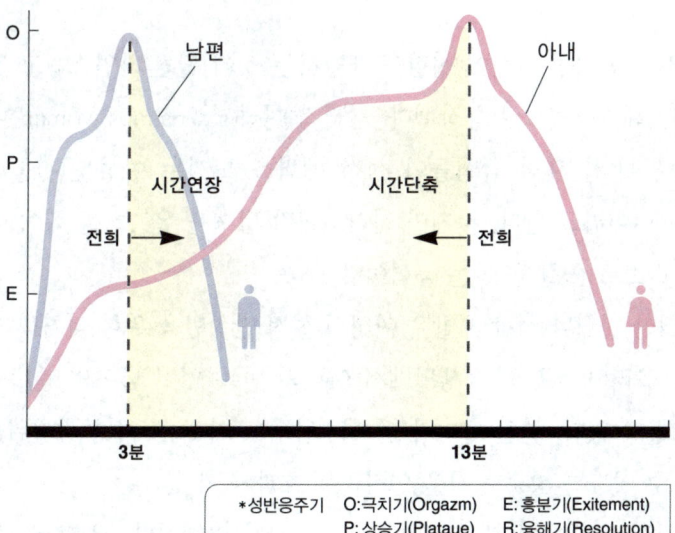

9장 성생활을 바르게 하자

성적 만족의 요체는 전희에 있다

▎부부만의 전희방법

성적 만족을 위한 성능력에 대해 우리나라는 남자의 정력을 중요시한다. 하지만 미국에서는 성반응 주기상의 남녀간 시간차를 주목하고 성교에 앞선 전희에 초점을 둔다. 앞에서 보듯이 전희(前戱)로 여성을 최대한 흥분시켜 절정기 직전에 성교에 들어감으로써 남성이 절정기에 도달하는 짧은 시간에 여성도 오르가즘을 느끼게 하려는 것이다.

그러다가 여성 자신이 성감을 개발하는 것이 훨씬 자연스럽고 일반적인 해결방법으로 등장했다. 감각적 여성(a sensuous woman)이 되는 것이다. 흔히 남성들이 성적 매력을 느끼는 여성을 관능적(sensual)이라고 한다. 하지만 감각적이란 남성을 유혹하는 힘이 아니라 스스로 즐길 줄 아는 능력이다.

이러한 전희나 성감 개발은 여성의 성적 만족만을 위한 것처럼 보인다. 그러나 부부의 성생활에서 아내의 만족 없이 남편의 만족이 온전할 수 없다. 뿐만 아니라 전희는 남성도 더 오랜 시간 성행위를 즐길 수 있도록 성교 시간을 연장하는 효과가 있다.

전희는 성에 대한 감정을 고조시키는 모든 언행이다. 전희에는 포옹, 입맞춤 등이 있다. 그러나 사람마다, 혹은 전희 방법에 따라 반응이 다르므로 부부만이 즐기는 전희방법을 개발해 서로의 감정이 고조되도록 도와주는 게 좋다.

요컨대 성적 만족을 극대화하려면 각자가 전희나 성교에 민감하게 응하고 부부 상호간에 반응주기를 맞추는 것이 비결이다. 성감을 개발할수록 상대에게 자신을 맞추는 능력, 즉 성반응 주기의 조화를 이루는 능력도 커진다. 그러므로 성능력 개발이란 구체적으로는 성교를 통해 흥분기·상승기·절정기·융해기를 느낄 줄 알고, 이를 조절할 수 있도록 몸과 마음을 단련하는 것이다.

잠자리의 서비스로 아내의 불만을 잠재운다

성적 만족은 반드시 성교를 통해서만 얻을 수 있는 것은 아니다. 자위행위도 성욕을 해결하는 자연스럽고 훌륭한 방법이다. 그러나 이성간의 육체적 접촉, 즉 성교를 통해서 느끼는 만족감과 같을 수는 없다.

성행위는 기본적으로 이성간의 육체적 접촉이다. 극단적으로 여자가 강간을 당할 때도 오르가즘을 느낄 수 있다고 한다. 이렇듯 성의 즐거움에는 신체-생리적인 요소가 중요하며, 오르가즘을 위해서는 신체적이고 생리적인 자극이 기본적으로 있어야 한다.

남자들은 대개 신체-생리적 요소만으로도 오르가즘을 느낀다. 외적인 조건에서는 별볼일없는 남자가 잠자리에서의 서비스로 아내의 온갖 불만을 잠재운다는 말을 듣는다. 이처럼 여성에게도 이 요소는 매우 중요하다.

결국 성생활에 작용하는 정신적·사회적 요소는 신체적·생리적 요소와 통합할 때 빛나는 것이지 독자적인 요소는 아니다. 달리 말해 신체적·생리적 요소는 독자적으로 오르가즘을 만들 수도 있다. 이를 통해 부부간의 갈등을 단숨에 녹여버릴 수도 있다.

부부만이 완전한 성적 만족을 누릴 수 있다

하지만 이런 상황은 일시적일 뿐이다. 항상 즐거우려면 반드시 서로간에 좋아하는 마음이 있어야 한다. 생리적 충동만으로 하는 성교와 사랑하는 마음이 가득한 성교는 만족감이 다르다. 이러한 만족감은 도덕적으로 떳떳할 때 더욱 깊어진다.

사회적으로 떳떳하지 못한 형태의 성행위라면 일시적인 만족으로 그친다. 더욱이 충동적 성행위는 부부가 아닌 경우는 물론이고, 부부간일지라도 대개가 일방적이고 폭압적이다. 성적 만족을 제대로 얻으려면 육체적·정신적·사회적으로 만족스러워야 한다. 이런 상황은 오로지 부부로 한정된다.

자기 부부에 맞는 성능력을 개발하자

▎각자의 성감을 개발하자

생리적 반응이라고 해서 신체적 건강차원에 국한된다고 생각하면 곤란하다. 정서적 반응을 무시할 수 없다. 분위기가 성적 만족에 영향을 주지만 동시에 성적 만족이 좋은 분위기를 만드는 것이다.

게다가 성적 자극은 그야말로 복합적이다. 구체적인 자극은 신체적 접촉이지만, 그 이전에 눈빛이나 포옹할 때 가슴으로 전달되는 감정은 물론이고, 평소 배우자에 대한 존경과 신뢰까지도 자극이 된다. 성감을 높이는 데는 단순히 신체-생리적 측면뿐 아니라 이러한 모든 측면을 고려해야 한다.

부부는 각자 자신의 성감을 적극적으로 개발해 즐길 수 있어야 한다. 배우자와의 즐거운 성생활을 위해서는, 신체-생리적 능력, 정서적 능력, 정신적 능력, 신념(도덕)적 능력, 사회적 능력을 길러야 한다. 그렇게 서로가 개발한 성감을 나누고 함께하며 즐거운 성생활을 누리는 것이다.

그렇다면 성감을 어떻게 개발할 것인가? 신체-생리적 · 정서적 · 정신적 · 영적 · 사회적 성능력을 기르는 방법을 알아보자.

신체 · 생리적 성능력 개발

개발목표 : 신체의 모든 부분이 성에 민감하도록 개발해 흥분기·상승기·절정기·융해기를 스스로 인지하고 이에 도달하는 시간을 조절한다.

내용 1 : 자신의 신체구조를 파악해 반응을 개발한다
- 성기관 그림을 보며 남녀의 성 구조를 확인하고 그 기능을 이해한다. 아내는 자신의 외음부의 구조 중 음핵, 요도, 질 입구, 항문의 위치를 확인한다. 남편도 자신의 외성기의 각 부분을 확인한다.
- 성기관의 각 부위별 느낌이 어떤지 눈을 감고 부드럽게 손으로 만져본다. 그리고 그 느낌을 기억한다. 하루에 한 번씩 며칠 동안 그 감각을 기억할 때까지 반복한다. 반복할수록 감각이 예민해지고 반응이 빨리 나타날 것이다. 부위에 따라 감각이 다르고, 여자의 음핵과 남자의 귀두가 가장 민감하다는 것을 알게 될 것이다.
- 아내는 질에서 분비되는 액체를 손에 묻힌 다음 음핵의 민감한 부위를 부드럽게, 또는 강하게 마사지한다. 기분이 고조될 때까지 계속하면서 감각을 기억한다. 마사지를 계속하면서 흥분감, 상승감, 극치감, 융해감을 느끼면서 각 단계의 느낌을 기억한다. 성교할 때 느끼는 쾌감과 같을 수는 없지만 각각의 단계를 느낄 수는 있다.
- 외음부의 각 부위를 샤워 꼭지에서 나오는 물로 자극하고, 손으

로 마사지할 때와 어떻게 다른지 기억한다. 그리고 어느 정도까지 감정이 고조되는지 기억한다. 음핵의 민감한 부위를 계속 자극해 감정이 고조되면 극치감을 느낄 수 있다.
- 아내는 음경이 질 속에 들어와 왕복운동을 할 때 발생하는 외음부와 질 내부의 감각을 느끼고 기억한다. 음경이 음핵에 가깝게 움직이도록 다리 자세를 여러 가지로 바꾸어본다. 어떤 자세가 음핵을 가장 강하게 자극하는지 기억했다가 성교마다 이 자세를 반복한다.

음경의 왕복운동시 여성의 음핵을 자극하는 것이 극치감으로 이끄는 데 효과적이다. 왕복운동이 계속되면 흥분감, 상승감, 극치감, 융해감을 느끼게 된다. 이때의 느낌은 물론 몸과 마음의 변화를 기억한다.

남편은 왕복운동을 하면서 음경이 질 속에서 여러 부위를 마찰해 보도록 조정한다. 어느 부위에서 어떠한 느낌을 받는지 특히 음경 주위의 민감 정도를 기억해 극치감에 도달하는 시간을 조절한다. 또한 아내의 느낌이 어떠한지 살피고 확인해둔다.

내용 2 : 배우자의 성기관 구조와 반응을 알아둔다
- 아내는 남편의, 남편은 아내의 성기관의 구조와 반응을 이해한다. 서로의 성기관에 대한 구조·기능·위치를 알아둔다. 배우자의 각 부위를 부드럽게 손·혀·성기 등으로 접촉했을 때 배우자의 반응을 살피고 느낌을 알아본다. 남자와 여자의 성기관은 모양이 다르지만 그 뿌리는 같다. 남자의 귀두는 여자의 음핵에 해

당하며, 음경은 여자의 질과 같다. 그러므로 이들의 감각도 비슷하다.
- 성기관 이외에도 신체의 모든 부분이 이성과의 접촉에 반응한다. 이성의 접촉에 특히 예민한 부분을 성감대라고 한다. 배우자의 성감대가 성기 이외에 어디이며 어떻게 할 때 어떤 반응이 있는지 알아둔다.

정서적 성능력 개발

개발목표 : 배우자를 좋아하고 사랑함으로써 배우자와 성관계를 갖고 싶은 욕구가 저절로 솟아나게 한다.

내용 1 : 배우자를 한없이 좋아한다
- 남편은 아내의, 아내는 남편의 머리에서 발끝까지 일거일동을 좋아한다. 잘생긴 부분은 잘생긴 대로 멋있고 예쁘게, 못생긴 부분은 못생긴 대로 귀엽고 다정하게 느끼면 좋은 감정이 생긴다. 좋게 생각하면 다 좋아지는 법. 이렇게 좋아하다보면 배우자의 성기관을 보기만 해도 흥분하고 감정이 고조되기도 한다.
여자는 성반응 주기를 앞당겨야 하므로 남편의 성기관을 보거나 만지는 등의 행위로 성감을 개발하는 것이 좋다. 아내가 남편을, 남편은 아내를 좋아하는 것은 상대를 위하는 일이기도 하지만, 이에 앞서 자신의 성감을 좋게 하는 일이다.

- 배우자의 즐거움과 고통, 현재와 과거, 장점과 단점을 이해하고 깊이 사랑한다. 배우자의 삶 자체를 이해하고 사랑해야 한다. 그러면 마음의 벽이 없어지고, 배우자에게 자신의 감정이 금방 다가가게 된다. 배우자에 대해 조금이라도 거부감이 있으면 감정이 고조되는 데 장애가 된다. 마음에 꺼림칙한 점이나 앙금이 없도록 한다. 이는 자신의 성생활을 위해 매우 중요하다.

내용 2 : 성에 대해 서로의 느낌과 감정을 교환한다
- 말이나 몸짓으로 자신의 감정을 배우자에게 자연스럽게 표현한다. 내 감정을 알아주겠거니 생각하면 잘못이다. 남자는 여자의, 여자는 남자의 감정을 잘 모른다. 이성을 많이 만나지 않은 사람일수록 상대의 감정을 더 모른다. 부부라지만 서로의 감정을 잘 모르는 것은 너무도 당연하다.
- 자신이 감정을 표현하면 상대가 어떻게 반응하는지 파악한다. 서로의 감정이 조화를 이루기 위해서는 상대의 감정에 맞춰주어야 한다.

정신적 성능력 개발

개발목표 : 부부가 모두 성에 대한 자신감을 가짐으로써 성행위에 대한 거부감을 없애고 성적 지식과 기술을 갖춘다.

내용 1 : 성에 대해 자신감을 갖는다
- 자신 있다고 생각하면 뭐든 잘할 수 있다. 성생활도 마찬가지다.
- 처음부터 성생활을 능숙하게 해내는 사람은 없다. 살면서 부부가 협력해 맞춰나간다.
- 상대를 만족시켜주면 자신감이 생긴다. 상대를 만족시키지 못하면 자신도 만족스럽지 못하다. 그러나 성생활에 자신감을 갖는 것은 어려운 일이 아니다. 성교시 오르가즘을 유도하면 자신감이 생긴다. 왕복운동을 하면서 음핵, 소음순, 대음순, 질, 자궁경부 부위를 음경으로 부드럽게 자극하면 보통 여자는 오르가즘에 도달한다. 간단하다.
- 때론 여성이 남성을 받아들이는 데 자신 없는 경우도 있다. 남편이든 아내든 자신감이 없는 것은 오르가즘을 유도하는 지식·태도·기술이 부족해서다. 그러므로 성을 학습함으로써 성능력을 개발하고 자신감을 가져야 한다.
- 배우자의 신체구조나 감정변화는 자신이 가장 잘 안다. 그러므로 어느 누구도 자기 이상의 만족을 줄 수 없다고 확신하라. 그리고 여유 있게 배우자를 맞이하라.

내용 2 : 배우자가 성에 대해 자신감을 갖도록 도와준다
- 배우자가 자신 없어하면, 성생활을 처음부터 능숙하게 하는 사람은 없으며, 살아가면서 부부가 협조해 능력을 기르는 것임을 은근하게 알려준다.
- 성불능 증세가 있으면 정신과 의사의 도움을 받아야 한다. 성문

제는 대부분 정신적인 것이다. 그러므로 배우자에게 성 관련해서 정신적으로 상처를 주어서는 안 된다. 특히 성에 대한 자신감은 아내보다는 남편에게 매우 중요하다. 성능력이 부족하다고 무시하거나 비난하면, 자신감이 없어져서 성불능증이 생기기도 한다. 그래서 성생활을 할 수 없게 되면 아내도 불행해진다.
- 배우자가 자신감을 갖도록 자신을 배우자에게 맞추고 적절하게 만족감을 표시한다. 자신감은 때때로 자만을 부르기도 하지만, 대체로 성능력을 더욱 강화해 자신감을 한층 높여준다.

영적 성능력 개발

개발목표 : 자신과 배우자가 성에 대해 긍정적인 가치관을 갖고 배우자에 대한 존경과 신뢰로 성생활을 즐기자.

내용 1 : 성에 대한 긍정적 가치관을 정립한다
- 성은 '옳은 것' '도덕적인 것' '양심적인 것' '선한 것' 이라는 긍정적인 가치기준을 갖는다. 성에 대해 죄의식을 가질 이유가 없다.
- 부부간의 성행위는 동물적 충동을 뛰어넘는 매우 인간적이고 도덕적인 행위다. 그렇기에 모든 종교가 결혼을 권장하고 신성시한다.
- 배우자의 성에 대한 부정적인 시각을 긍정적으로 바꿔주도록 노력한다. 부부는 성에 대해 자연스럽게 대화할 수 있어야 한다. 그래서 자연스러운 삶 또는 신의 섭리로서의 성을 받아들여야 한다.

내용 2 : 배우자의 온몸과 마음을 자신의 온몸과 마음으로 받아들인다
- 부부의 인연이 큰 축복임을 인정하고 소중하게 생각한다.
- 자신에게 축복을 안겨준 배우자를 끝없이 존경하고 신뢰한다.
- 이런 배우자에게 감사하는 마음으로 기꺼이 자신의 온몸과 마음을 주는 동시에, 자신의 온몸과 마음으로 배우자를 받아들이는 성생활을 한다.

부부 공동 성반응 시간 조정

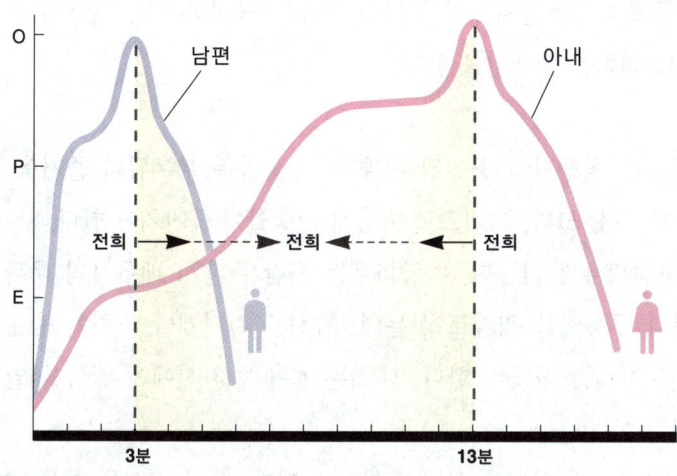

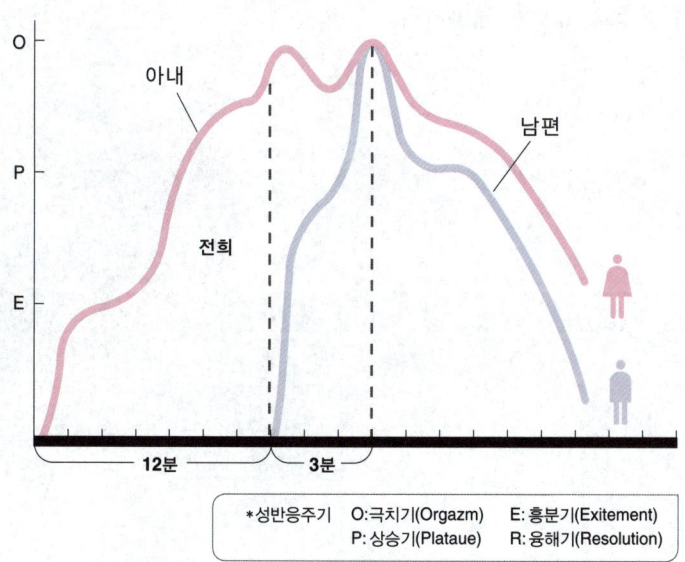

9장 성생활을 바르게 하자

사회적 성능력 개발

개발목표 : 일부일처제의 긍정적 요소는 극대화하고, 제약적 요소는 최소화하는 성생활을 한다.

- 부부는 성생활이 공인된 관계다. 성생활은 부부됨의 즐거움 가운데 가장 크다. 그러므로 마땅히 성생활이 즐거워야 한다.
- 바람피우지 않는다. 바람피우는 사람은 흔히 배우자의 무관심이나 무능력을 핑계로 삼는데, 자신은 자기개발 노력을 충분히 했는지 되돌아봐야 한다. 대개는 문제가 자신에게 있음을 알게 될 것이다.
- 배우자에게 최대한 성적 만족을 느낀다. 다른 이성을 찾을 필요가 없도록 자신을 개발한다.

부부 공동의 성능력 개발

▍오르가즘 정도와 시간을 조절한다

개발목표 : 성행위에서 오르가즘 정도와 오르가즘에 도달하는 시간을 조절한다. 이는 마치 흥분기, 상승기, 절정기, 융해기의 트랙을 달려서 부부가 보조를 맞추어 골인하는 것과 같다. 부부의 성적 자기개발은 이를 위한 기초가 된다.

- 남편은 흥분기에서 절정기까지의 시간을 최대한 연장하고, 아내는 최대한 단축한다. 남자와 여자가 성교를 통해 극치감에 도달하는 시간이 다르기 때문이다. 남자는 흥분기에서 절정기까지 걸리는 시간이 평균 3분인 반면, 여자는 평균 13분이다.
- 성교시 상대의 감정에 맞추어 조절한다. 사람마다 혹은 성교시마다 흥분기에서 절정기까지 이르는 동안 느끼는 감정의 양상이 다르기 때문이다.

1단계(준비) : 성교를 위해 각자 준비한다
- 성교 전에 따뜻한 물로 샤워하고 성기는 찬물로 깨끗이 씻는다.

샤워를 할 수 없을 때도 성기는 꼭 씻는다. 성기를 씻는 것은 건강한 성생활을 위해 꼭 필요한 일이다.

남편의 경우 성기를 차게 하는 것이 성교시간을 늘리는 데 도움이 된다. 아내는 샤워할 때 몸과 외음부의 모든 부분을 가볍게 마사지하면서 기분 좋게 흥분이 되도록 한다. 성교시에 두 사람의 건강이 좋지 않거나 피곤한 상태여서, 혹은 주위 여건 때문에 성교시간을 줄여야 할 경우에는 성교 전에 상승단계까지 감정을 고조할 필요가 있다.

자신이 현재 흥분단계인지, 상승단계에 도달했는지를 감지한다. 상승기에는 외음부 주위에 혈액이 몰려 걷기 힘들 만큼 외음부가 팽배해지고, 질 내부가 모두 열린 것 같은 느낌이 든다.

- 미리 소변을 봐서 방광을 비운다. 소변이 차 있으면 극치감을 느끼는 데 지장이 있다.
- 조명, 잠옷, 이부자리 등으로 분위기를 띄운다.

2단계(전희) : 성교 전에 서로 좋아하는 서비스로 감정을 고조한다

- 분위기를 만들기 위해 성교 전에 서로 좋아하는 서비스(전희)를 해준다. 그러면 부부의 감정을 고조해 절정기에 도달하는 시간을 조절할 수 있다. 보통 남자들은 전희가 없어도 오르가즘을 느낄 수 있다. 그래서 전희를 귀찮아하는 남자도 있다. 어떤 남자는 자는 아내를 깨워 성교를 청하기도 한다. 대개는 잠에서 금방 깬 아내가 흥분하기도 전에 성교가 끝나버린다.
- 아내는 남편의 속성을, 남편은 아내의 속성을 연구해 절정기에

도달하도록 서로 도와준다. 독선적이고 고집이 센 사람일수록 아내가 성적으로 만족한다고 착각하는 경우가 많다. 상대를 배려하면서 성감을 개발한다면 성생활이 만족스러울 것이다. 성교 전에 부부의 기분이 상승할수록 여자는 극치감에 빨리 도달하고, 성교가 계속되면 몇 번의 극치감을 더 느낄 수 있다.

- 전희로 상대를 즐겁게 해주는 것 못지않게 자신의 감정도 높여야 한다. 배우자가 자신의 감정을 고조해줄 것으로 기대한다면 불만족스러울 수밖에 없다. 상대는 자신의 감정을 자신만큼 잘 알지 못하기 때문이다. 자신의 감정은 자신이 책임지고 고조시켜야 한다. 이는 자신의 극치감과 쾌감을 위해서다.
- 감정은 마음을 준비할 때 더욱 고조된다. 예고 없이 발바닥을 간질일 때보다 미리 알려주고 간질일 때 더욱 간지럽게 느끼는 것과 같다. 전희의 자극에 온몸을 내맡기고 느낌 하나하나를 최상의 쾌감으로 받아들인다.
- 전희란 애무를 오감으로 느끼는 행위다. 감각은 자극이 강할수록 쉽게 싫증난다. 더 강한 자극을 찾다보면 마약에까지 손대고 변태성 행위에 빠져 정상인으로 살 수 없게 된다. 진정한 만족은 강한 자극에 있는 것이 아니다. 다정한 속삭임과 가볍게 스치는 혀끝, 감미로운 냄새와 양털처럼 부드러운 촉감이 감정을 고조시킨다. 이는 부부가 사이좋게 오래 살면서 터득해야 하는 것이다.

3단계(성교) : 상대의 기분을 고려해 속도와 강도를 조절하면서 성교한다

- 정상체위일 때 남녀간에 성감을 가장 잘 느낄 수 있다. 정상체위란 남성이 상위에서 서로 마주보고 누운 상태로 성기를 여성의 질에 삽입하고 왕복운동을 하는 자세다. 이 체위는 남성의 성기가 여성의 음핵을 가장 가까이서 자극할 수 있는 위치에 놓이면서 질의 앞부분을 자극해 감정을 쉽게 고조시킨다. 일반적으로 이 체위를 가장 많이 선호한다.
 이 체위로 아내가 절정기에 이르려면 약 13분의 시간이 필요하므로 남편이 지칠 줄 모르게 건강해야 한다. 대부분의 부부는 3분 정도의 성교로 남편만 절정기에 이르고 아내는 흥분기나 상승기 정도에서 만족한다. 2~3분 내에 아내가 절정기에 도달하려면 전희를 통해 아내가 상승기에 오른 다음 성교하면 된다.
- 아내가 상위에서 왕복운동을 해도 질의 앞부분과 음핵을 자극해 극치감에 이른다. 남성상위 때와 마찬가지다. 부인이 왕복운동을 할 때, 남편이 좌우로 조금씩 움직여주면 좋다. 이때 아내가 오르가즘을 느낄 때까지 13분 정도 왕복운동을 하려면 지칠 줄 모르게 건강해야 한다. 아내는 자신의 감정을 상승기까지 올려놓고 성행위를 하면 절정기까지의 시간을 단축할 수 있다.
- 여성의 극치감은 음핵의 자극뿐만 아니라 질 입구와 질 내부, 자궁경부의 자극으로도 이루어진다. 여성이 상위에서 왕복운동으로 질의 앞부분을 자극해 극치감을 느끼고, 조금 쉬었다가 다시 왕복운동으로 질의 뒷부분을 자극해 극치감을 느끼도록 연습한다.

- 성교시간을 늘이고 싶다면, 아내가 먼저 상위에서 능동적으로 왕복운동을 해서 극치감에 도달한다. 그리고 체위를 바꾸어 남편이 왕복운동을 하면, 아내는 일단 극치감에 도달한 후이므로 금방 다시 극치감에 도달한다. 이렇게 남편이 극치감에 도달할 때까지 몇 번의 극치감을 느껴 서로 아주 기분 좋은 성교를 할 수 있다.
- 성행위시 아내는 남편의 모든 것을 온몸으로 받아들이고 좋아해야 한다. 남편은 아내를 만족시킬 수 있다는 자신감으로 에너지가 넘쳐야 한다. 그래야 서로 최상의 오르가즘을 느낄 수 있다. 그러기 위해서는 남편은 아내의 감정을 좋게 해주고, 아내는 남편의 자긍심을 북돋워줘야 한다.

4단계(느낌) : 극치감을 마음 깊이 느낀다
- 성교시 좋은 순간, 좋은 감정, 배우자의 모습이나 행동 등 감정을 고조시킬 수 있는 기억을 모두 동원해 극치감에 도달한다.
- 융해기를 길게 갖도록 극치감을 느꼈던 자세 그대로 편안하게 잠든다.

5단계(격려) : 성교 후에 서로를 북돋워준다
- 아내는 남편에게, 남편은 아내에게 성교하면서 좋았던 점을 말하고 칭찬한다. "당신, 정말 멋졌어요." 하며 서로 자신감을 북돋운다. 그리고 다음엔 어떻게 했으면 좋겠다는 생각을 살짝 말해본다.

- 다음 단계의 개발은 조심스럽게 서로 합의하고, 서로의 자긍심을 북돋워주면서 진행한다.

〈공동개발의 요점〉
- 오르가즘은 누구나 느낄 수 있다.
- 여성은 음핵과 질에 왕복운동을 계속하면 극치감에 도달한다.
- 여성이 남성보다 극치감에 도달하는 시간이 오래 걸린다. 그러므로 아내가 미리 상승기에 오르고 나서 성교를 시작한다.
- 아내는 성교 전 외음부를 씻을 때 외음부를 자극하거나 마사지해

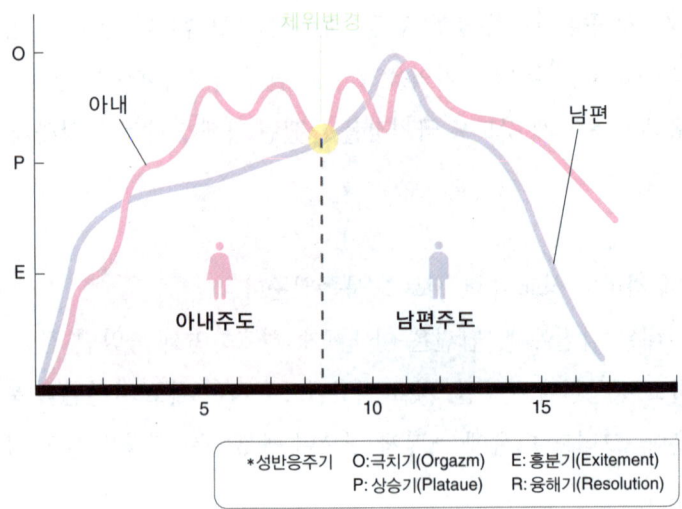

상승기에 도달한다.
- 전희로 절정기 직전 상태가 되면 성교한다.
- 전희를 통해 상대의 감정을 고조시키는 동시에 자신의 감정도 고조시킨다.
- 성교시 처음엔 아내가 주도적으로 이끌고, 그 다음 남편이 주도적으로 행하는 방법도 있다.
- 최대의 오르가즘을 느끼려면 남편은 자신감이, 아내는 좋아하는 감정이 있어야 한다.
- 성교시 배우자가 좋아하는 말과 행동을 한다.

감각적 여성이 되는 비법

▌혼자서 느낀다

1단계 : 혼자서 극치감을 느껴본다
- 샤워하면서 자신의 몸을 사랑스런 눈길로 들여다본다. 자신의 몸을 있는 그대로 사랑할 줄 알아야 한다.
- 손에 비누를 묻혀 온몸을 부드럽게 문지르면서 감각을 느껴본다. 감미로운 느낌이 들고 흥분기에 이르게 된다.
- 외음부의 여러 부분을 마사지해 흥분이 고조되면 편안한 자세로 음핵을 마사지한다. 결혼하기 전에 자위행위로 극치감을 느껴본 경험이 있다면 부부의 성생활에서 오르가즘에 쉽게 이를 수 있다.
- 부드럽게 마사지를 계속하면서 남편과 성행위할 때 흥분했던 장면을 떠올린다.
- 음핵을 마사지하면 극치감을 느낄 수 있다. 특별한 기술이 필요한 것이 아니다. 극치감을 느낄 때까지 여러 번 반복하면 된다. 흥분기 때 질에서 나오는 미끄러운 액으로 마사지하면 더욱 효과적이다.
- 외음부를 샤워꼭지에서 나오는 물로 오랫동안 자극하면 극치감을 느낄 수 있다. 흥분했던 기억을 떠올리면 극치감에 도달하는

시간을 단축한다.
- 자신의 몸이 예민하도록 단련한다. 그리고 감정을 조절하는 연습을 한다. 흥분기, 상승기, 절정기에 나타나는 감정을 순간순간 느끼면서 그때의 감정을 기억한다.
- 남편과의 성교시 자신이 상승기까지 올려놓고 시작하면 절정기에 도달하는 시간을 단축할 수 있다.
- 평소에 질 주변의 근육을 수축운동하면 좋다. 하루에 100번 이상 한다. 질 주변의 근육 수축운동이란 소변을 참았다 누었다 하는 것처럼 근육을 수축·이완하는 것이다.
- 성생활은 남성의 전유물이고 남성과의 관계에서만 오르가즘을 느낄 수 있다는 생각은 잘못된 것이다. 자신의 몸과 정서가 작은 자극에도 반응하도록 개발하면, 성교시 최고의 오르가즘에 도달할 수 있다. 그러면 남편에게 가장 잘 맞는 아내가 되어 남편도 최대의 극치감을 아내에게서만 얻게 될 것이다.

목소리만 들어도 느낄 수 있다

2단계 : 혼자서 연습했던 극치감을 남편과의 성교로 이어나간다
- 성교 전 외음부를 씻으면서 상승기에 도달해 최적의 상태를 만든다. 절정기 직전에 성교하면 1분 이내에 극치감을 느낄 수도 있다.
- 여성이 상위에서 남성의 성기를 질 속에 삽입하되 질의 앞부분을 자극하는 왕복운동을 한다. 힘이 들면 쉬었다 다시 한다.

- 남편이 하위에서 좌우운동으로 도와주면 아주 효과적이다.
- 여성상위에서 질 앞부분의 왕복운동을 통한 오르가즘 연습이 숙달되면 질 뒷부분의 왕복운동을 통해 항문, 직장, 등 부위의 극치감을 깊이 느끼도록 연습한다.
- 남편은 아내의 연습을 도와 고조된 감정에 보조를 맞춘다. 그러면 남편은 아내와, 아내는 남편과 가장 잘 맞는 성생활 동반자가 된다.
- 남편이 콘돔을 사용하면 평소보다 성교시간을 오래 끌 수 있다.
- 음핵을 혼자 마사지해서 극치감을 느낄 때보다 성교시 극치감이 훨씬 깊다. 남편과의 성교는 사랑하는 감정과 인정하는 정신이 작용하므로 더욱 큰 쾌감을 느낄 수 있다.
- 생각만 해도, 눈만 마주쳐도, 전화 목소리만 들어도, 체취를 맡아도, 손만 잡아도 남편을 강렬하게 느낄 만큼 오감을 개발한다. 자꾸 반복 훈련하면 감정과 생각도 따라가게 된다.

이것이 감각적인 아내다.

> 이렇게 하면
> 성생활이 즐겁다

남편 주도가 갖는 의미

　우리나라에서 성생활의 주도권은 대체로 남성에게 있다.
　성생활에서 남성 우위는 먼저 부부의 성생활을 남편이 주도해야 한다는 강박관념과 행태로 나타난다. 성생활이 남편의 권위이자 의무인 것이다. 아내 역시 같은 생각이다. 그래서 남편은 자기도 즐기고 아내도 만족시킬 성능력을 가져야 한다. 그러자니 정력을 보강하는 일이 절실하다. 이는 남편에게 과도한 의무감으로 작용하거나 엉뚱한 무능력자로 전락시키곤 한다.
　아내에게 낮에는 요조숙녀, 밤에는 요부이기를 요구하는 남편이 있다. 남편의 사고가 전근대적인 것이 아니라면 문제가 안 된다. 남편도 그에 상응한다면 재미있는 성생활이 될 것이다.
　그러나 자기 아내가 성적 쾌락을 모르는 여자이기를 요구한다면 문제다. 남편 주도의 성문화가 성의 본질을 왜곡하는 경우다. 자기 아내는 순진하고 정숙해야 하므로 성생활도 점잖아야 한다. 따라서 아내가 성적 극치감을 느끼는 일은 오히려 기피한다. 그러면서도 자신은 농염한 성생활이나 쾌락을 추구하고 싶어 다른 여자를 찾는다. 가정이 파탄날 수밖에 없다.

여성의 수동성이 오르가즘을 막는다

여성의 수동성은 오르가즘을 느끼지 못하게 만든다. 어떤 아내는 결혼 3년차가 되면 극치감을 느낀다는 얘기를 들었다. 하지만 3년이 지나도 극치감을 느낄 수 없었다. 그러자 은근히 남편의 기술을 의심하기 시작했다.

이러한 여성의 수동성은 남자들이 권위의식에서 떠들어대는 허풍선이 행태와 다름없다. 여자는 남자의 기술과 정력으로 극치감에 도달하는 거라며 자신의 능력을 떠벌리는 남자들이 있다. 이른바 허풍선이다. 자신은 성적으로 탁월하다고 생각하는데 자기 아내는 극치감을 못 느낀다. 자기과신에 빠져 아내와의 조화로운 성생활을 못하는 것이다. 이런 남편은 아내가 의도적으로 극치감을 회피하거나 불감증이 있다고 생각하며 때론 이를 외도의 핑계로 삼는다.

외도는 아내와의 성교보다 높은 만족감을 준다고 한다. 왜일까? 아내와 성관계를 가질 땐 일상처럼 대충하면서 외도 때는 성의를 다하기 때문이다. 아내와 성교할 때도 최선을 다한다면 만족감을 못 느낄 이유가 없다. 아내 역시 성적인 불만이 있어도 남편이 더 잘해주기만을 기다린다면 문제를 해결할 수 없다.

요즘은 여자도 당당히 바람을 피운다. 성의 없고 무심한 남편과는 달리, 상대 남자는 호의적이고 따뜻하게 대해준다. 자꾸 남편과 비교가 될 것이다. 하지만 그 남자와 산다면 그 역시 지금의 남편과 다르지 않을 것이다. 일상이란 그런 것이다.

남편도 감각적 여성을 좋아한다

이제 성능력 개발의 요목들이 우리의 성생활에 도입되어야 할 필요성이 절실해진다. 특히 여성의 극치감 개발을 위해 남편과 아내가 함께 '감각적 여성'의 개념을 받아들여야 한다. 여자의 극치감은 남자가 만들어주는 것이 아니라 여자 스스로 느끼는 것이다.

어떤 남자가 여자의 감각과 정서, 나아가 정신과 영적 세계를 알아서 극치감을 유도한다고 자신할 수 있겠는가? 다만 아내를 가장 잘 아는 사람이 남편이기에 아내를 가장 효과적으로 극치감에 이끌 수 있는 것이다.

극치감에 도달하려면 부부가 함께 노력해야 한다. 성적 능력을 개발한다는 것은 여성이 극치감을 느낄 수 있도록 유도하는 것이다. 남편은 대개 사정하면서 극치감을 느끼므로 크게 문제가 안 된다. 그러나 일방적 만족으로 끝나는 경우와 아내도 극치감을 느끼는 경우를 비교하면, 남편의 만족감은 후자가 훨씬 질적으로 크다.

남편의 사정은 한번의 성교에서 도달한 극치감의 다른 표현일 수 있다. 그러나 극치감의 크기, 혹은 만족도는 성욕의 발산에 그치는 수준에서 희열을 느끼는 수준까지 여러 단계의 스펙트럼이 있다.

똑같은 사정 행위에서 어떤 수준의 만족을 얻는가는 자신의 노력에 달려 있다. 아내를 성적으로 만족시킨다면 자기도 큰 만족을 얻을 것이요, 자기만의 성교로 끝나버리면 성욕의 발산에 머물고 말 것이다. 결국 아내가 감각적 여성이 될 때 남편도 큰 만족을 얻을 수 있다는 말이다.

성능력을 개발하자

여섯 가지 방향에서 본 성능력 개발법

1) 신체-생리적 개발

우리나라 부부들은 신체-생리적 성능력을 꼭 개발해야 한다. 그 이유는 가짜 조루증과 가짜 불감증이 단적으로 보여준다.

'궁합'이라면 성생활을 위한 신체적 조건의 합치를 말해왔다. 하지만 실제로는 정신적 조건의 합치가 더 중요하다. 결혼에 앞서 정신적 궁합이 잘 맞는지 살펴보아야 한다.

신체적 궁합은 살아가면서 맞추어가는 궁합이다. 노력에 따라서 얼마든지 잘 맞출 수 있는데도 가짜 조루증과 가짜 불감증을 앓으며 육체적 궁합을 맞추지 못하고 사는 부부가 많다. 어떤 사람은 아무 노력도 하지 않고 선천적으로 궁합이 안 맞는다고 생각하는 어리석은 사람도 있을 것이다.

노력에 따라 잘 맞출 수 있다고 해서 신체적 궁합이 정신적 궁합보다 비중이 작은 것은 결코 아니다. 오히려 더 크고 기본적이다. 성생활의 조화는 얼마든지 가능하고, 부부 사이의 불화를 풀어주기까지 하므로 그만큼 중요한 것이다.

서로의 마음만 일치한다면 두 사람에게 맞는, 두 사람이 함께 즐기는 성생활을 얼마든지 개발할 수 있다. 일단 부부가 되었다면 먼저 신체적 궁합을 맞추기 위해 함께 노력하고, 그때까지 미처 맞추지 못한 정신적 궁합도 조화를 이루도록 자연스럽게 유도해보자.

2) 정서적 개발

이성간의 성적 접촉은 사랑의 감정과는 상관없이 이루어질 수 있다. 이런 성적 접촉은 생리적인 반응일 뿐 성적 극치감에 도달하기는 어렵다. 서로 좋아하고 사랑해야만 진정한 극치감에 이를 수 있는 것이다.

부부는 서로 좋아하고 사랑해서 결혼했고, 일생을 같이 살기로 서약한 관계다. 사랑하는 마음으로 성관계를 가져야 하는 것은 너무도 당연하다. 그런데 많은 부부들이 단조로운 일상처럼 여겨 성생활의 기쁨을 제대로 못 누리는 것 같다.

사랑하면서도 성을 긍정적으로 바라보지 못해 그 즐거움을 누리지 못하는 경우도 많다. 성을 '부끄럽다' '싫다' '추하다' '천하다' '동물 같다' '죄악이다' 라고 느낌으로써 성적 접촉을 피하고, 접촉해도 감정이 무르익지 않아 별다른 느낌을 얻지 못한다. 이것은 정서적 개발 차원만의 문제가 아니다. 성적 욕구가 성생활의 기본 정서임을 생각할 때 성에 대해 부정적이라면 하루빨리 생각을 바꿔야 할 것이다.

3) 정신적 개발

우리의 몸과 마음은 본능에 따라 움직이기도 하지만, 대개는 학습된 지적 영역의 통제를 받는다. 이것이 사람이 동물과 다른 점이다. 성행위도 마찬가지다. 성이라면 본능적 속성만을 떠올리는데, 성에 대한 지식·태도·행위는 알게 모르게 학습된 지식과 경험으로 형성된 것이다. 그러므로 성을 학습하고 개발하면 자신감을 얻을 수 있다.

체계적으로 성생활을 학습하고 실천해 자신감을 회복해야 한다. 성에 대한 지식·태도·기술을 기억하고, 이해하고, 적용하고, 분석하고, 합성하고, 평가하는 능력을 개발해야 한다는 것이다.

정신적 개발이란 성에 대한 자긍심, 즉 자신감을 개발하는 것이다. 이때 자신의 노력 못지않게 배우자의 인정과 격려가 중요하다. 우리 사회는 타인을 칭찬하고 격려하는 것에 익숙하지 않다. 더욱이 성에 관한 것이라면 더욱 쑥스러워하게 마련이다. 행복한 부부생활을 위해서라면 서로 칭찬하고 격려하자.

4) 영적 개발

오랫동안 종교와 성은 정신적인 것과 육체적인 것, 신성한 것과 추한 것으로 대비되어왔다. 지금도 그런 경향이 상당히 강하다. 신부·수녀·승려 등은 우리에게 성스러운 이미지로 남아 있다. 결혼을 하지 않기 때문이다. 그렇기에 성행위를 죄스럽게 여기고 무의식적으로 거부하는지도 모른다.

성은 선악의 차원에서 판단할 문제라기보다는 자연스러운 삶의 일부분이다. 모든 종교가 결혼을 권장하고 성스러운 의식으로 축복하는 것도 이 때문일 것이다. 그런데 결혼생활의 핵심인 성생활이 신앙을 방해한다거나 추하다고 생각한다면 잘못이다.

부부는 모름지기 성에 대한 올바른 가치관을 갖고, 성생활에도 정성을 다한다면 순수한 희열을 체험할 것이다. 이는 매우 인간적이면서 영적인 체험이 아니겠는가?

5) 사회적 개발

사회적 개발이란 사회가 용납하는 범위에서 성생활의 기쁨을 온전히 누리는 것이다. 우리 사회는 일부일처제다. 남편은 남편대로, 아내는 아내대로 이를 지켜야 한다. 서로에 대한 신뢰가 없으면 어떤 노력도 할 수 없다.

그런데 뿌리 깊은 남성 우위의 허풍선이 행태, 급격한 사회변화에 따른 가치관의 혼란, 성의 상품화 물결 등으로 안정된 부부상을 정립하기가 쉽지 않다. 혹여 일시적으로 실수를 저지를 수 있는데, 그때는 용서하는 관용도 필요하다.

무엇보다 중요한 일은 이러한 상황을 부부가 함께 냉철히 인식하고 즐거운 성생활, 건강한 부부관계, 활기찬 가정을 꾸려나가야 한다는 것이다.

6) 운동과 변화로 성을 즐겁게

이제는 도색잡지나 야한 영화, 이른바 포르노를 어디서든 쉽게 접할 수 있다. 어떤 부부들은 이를 함께 즐기고, 여기서 성생활의 아이디어를 얻기도 한다. 그러나 여기에 지나치게 탐닉하거나 의존하지 않도록 경계해야 한다. 대개는 그것이 그것이어서 금방 식상해진다. 더 자극적인 것, 더 강렬하고 충동적인 것을 원하다보면 성적 감각이 무뎌져서 불건강한 상태를 초래한다. 또 포르노의 성은 그것이 직업인 이들의 특이한 행태다. 일반 부부가 무리하게 따라하다가는 건강을 해칠 수 있다.

즐겁고 만족스러운 성생활에 가장 도움이 되는 것은 적당한 운동이다. 기본적으로 부부는 건강해야 한다. 몸이 아프면 성생활을 마음껏 즐길 수 없다. 체력을 좋게, 심장을 좋게, 기분을 좋게 해야 성생활도 잘할 수 있다. 그러므로 평소에 부부가 함께 건강증진에 힘써야 한다. 운동은 건강증진의 핵심이면서 성생활에도 자연스럽게 절제와 활력을 준다.

가끔 생활에 변화를 주는 것도 좋다. 일상에서 벗어나 부부가 함께 여행을 한다면, 건강도 좋아지고 성생활에도 활력소가 된다. 즐겁고 만족스러운 성생활을 원한다면 건강해야 한다.

에필로그

부부여, 행복하게 삽시다!

▎행복할 권리와 행복할 의무

　부부는 행복할 권리가 있다. 동시에 행복할 의무가 있다. 부부가 행복하지 않으면 주위까지 불편하게 만든다. 의무를 따지기에 앞서 부부는 행복한 삶을 위해 맺어진 관계다.
　남녀가 만나 서로 '좋다'는 것은 도덕적 선악이나 객관적 기준을 떠나 '잘 맞다' '어울린다'는 뜻이다. 자기에게 가장 잘 어울리는 짝을 골라 부부가 된 것이다. 그렇다고 해도 처음부터 완벽한 한 쌍이 될 수는 없다. 행복한 부부가 되려면 서로에게 맞춰 살아가야 한다.
　행복은 노력 없이 가질 수 있는 값싼 물건이 아니다. 노력하면 서로 잘 맞게 되고 부부의 행복도 보장되지만, 가꾸고 지키지 않으면 끊임없이 어긋나고 고통의 연속만 있을 뿐이다.

▎편안함과 긴장감의 조화

　이 세상에서 가장 편한 관계가 부부다. 일상적인 편안함 속에 묻

에필로그

혀 살다보면 서로의 소중함을 간과하기 쉽다. 그러면 상대에게 무심해지고 때로는 무례해진다.

부부 사이가 풀어진 것도 안 좋지만, 늘 긴장하는 것도 바람직하지 못하다. 편안하면서도 서로 예의를 지키고, 긴장감이 있되 훈훈해 늘 활기차게 살아가는 부부라면 가히 좋은 부부라 할 것이다.

건강한 부부, 작은 지혜

이 책에서는 이런 평범한 진리들을 건강의 관점에서 정리해보았다. 먼저 부부건강을 신체적 · 정서적 · 정신적 · 영적 · 사회적 측면으로 나누고, 이를 염두에 두면서 부부관계를 연결하는 도구인 의사소통, 힘의 균형, 스트레스, 성생활에 대해 살펴보았다. 일상생활 속에서 이미 잘 알고 있거나 관심만 두었다면 금방 알 수 있는 것들이다. 그러나 아주 평범해 보이는 사실들에서 조그마한 지혜를 얻고 이를 소중히 쓸 줄 안다면, 슬기로운 사람이 아니겠는가?

부부건강 점검 매트릭스

이제 앞에서 제시했던 부부건강의 매트릭스로 이 책의 내용을 상기하면서 자기점검을 해보자. 다음의 표에 건강의 다섯 측면과 관련해 건강의 징표와 부부관계의 연결도구를 상징하는 말이 해당 칸

건강의 측면		신체건강	정서건강	정신건강	영적 건강	사회적 건강	합계
건강의 징표		무병	사랑	자긍심	신뢰	안정	
부부관계의 연결도구	의사소통	일상생활	감정·느낌	지식·정보	인생관	자녀·가계	
	힘의 균형	물리적 힘	무력의 힘	인정·존경	외유내강	역할분담	
	스트레스	균형식·운동	호감의 언행	지적 욕구	양심·정의	인척관계	
	성생활	반응한다	좋아한다	자신있다	헌신한다	떳떳하다	
합계		육성	감성	지성	덕성	사회성	

에필로그

에 적혀 있다. 다소 자의적이긴 하지만, 이것에 따라 부부관계를 평가해보기 바란다.

부부가 함께하면 더욱 좋겠지만, 그게 어렵다면 우선은 혼자라도 해보자. 그리고 때를 봐서 배우자와 같이 다시 시도해보자.

편의상 각 칸에 5점을 만점으로 최저 1점에서 최고 5점까지 자연수로 빈칸에 점수를 써넣은 후, 각 칸의 점수의 의미를 새겨보자. 또 가로와 세로의 합계를 내서 그 의미도 새겨보자. 마지막으로 총 득점을 합산해보자.

점검과 평가가 끝났으면 분석을 해본다. 어느 부분이 약한가? 어떻게 보완할 것인가? 찬찬히 따져보고, 평소에 무관심했거나 대수롭지 않게 생각했던 항목부터 보강해나가자.